«El reto de James Merritt de pasar *52 semanas con Jesús* conlleva gran disciplina y regocijo. Tu pasión por C[...] [...]npo que pases en la Biblia jun[...]
—**Thom S. Raine** [...]nos
LifeWay, autor d[...] *[...]eto!*

«En *52 semanas con Jesús*, [...] [...]ble para conocer más íntima[...] [...] a Jesús y que promete cambiar la manera en que te ves a ti mismo, a Dios y a los demás. Este libro te ayudará como nunca antes a beber profundamente del Agua Viva, a degustar el Pan de Vida y a acercarte más al Buen Pastor. Léelo con atención... y resultarás transformado».
—**Margaret Feinberg,** autora de *Wonderstruck* y *Fight Back with Joy*

«James Merritt es claro y definido, y escribe con autoridad, sabiduría y compasión. En cada página de este libro enfrenta al lector con Jesús. Pasar tiempo en esta obra te sorprenderá, te iluminará y podría cambiarte la vida».
—**Russell D. Moore,** presidente de la comisión de ética y libertad religiosa de la Convención Bautista del Sur

«Jesús podría ser la persona más incomprendida en la historia, y uno de los motivos es que la mayoría de personas, sin excluir a los "cristianos", nunca ha dedicado tiempo para estudiar realmente la vida y la enseñanza de Cristo. Es fácil olvidar que Jesús no fue simplemente una idea o un tema para debatir. Al contrario, fue un hombre que trastornó al mundo por quien era, por lo que dijo y por lo que hizo. *52 semanas con Jesús* de James Merritt es una exploración asequible y asimilable de los sermones, las historias, y los milagros de Cristo. Rompe mitos, sacude suposiciones y está lleno de perspectivas sorprendentes que probablemente nunca has considerado. Gracias, doctor Merritt, por presentar un panorama verdadero y matizado acerca de Jesús, ¡y tan agraciado como el mismo Rabino del primer siglo!».
—**Tullian Tchividjian,** autor de *¿Conozco a Dios?*

«*52 semanas con Jesús* presenta decenas de metáforas respecto a Jesús y apoya cada una con referencias bíblicas, comentarios, meditaciones y oraciones. Pienso regalarlo a menudo a otras personas».
—**Leonard Sweet,** Universidad Drew, Universidad George Fox, Sermons.com

«La Biblia nos dice que bienaventurado es el hombre que se deleita en la Palabra del Señor y medita en ella de día y de noche. En *52 semanas con Jesús*, James Merritt proporciona al creyente un año de meditaciones sobre la Palabra hecha carne. Sus observaciones sobre la vida, el ministerio y el señorío de Jesús son excelentes, sabias y bien escritas. Cualquiera que se comprometa a pasar 52 semanas meditando en nuestro Señor será bendecido por el esfuerzo más allá de toda medida».
—**Ed Stetzer,** LifeWay Research

«Con frecuencia las personas enfocan las narraciones bíblicas de Jesús como un forense que disecciona un cadáver, y luego se preguntan por qué la relación que tienen con Cristo es tan insubstancial. En *52 semanas con Jesús,* el doctor James Merritt lleva a los lectores en un viaje de un año para conocer, experimentar y enamorarse de la persona más importante de la historia».

—**Andy Stanley,** pastor principal de Ministerios North Point

«Conocer a Jesús es enamorarse locamente de Él. Comprender quién es Jesús y qué hizo (¡y sigue haciendo!) es estar admirado y sorprendido. Esto te llevará a adorar y después a servir en gratitud por tan extraordinario Rey. James Merritt nos ayuda a pasar un año en un estudio devocional del Hijo de Dios. Leí de corrido el libro, y una vez más quedé abrumado ante la grandeza y la bondad de mi Salvador. Por tanto, pasa un año y empápate en este estudio. Estoy convencido de que no volverás a ser la misma persona».

—**Daniel L. Akin,** presidente del Seminario
Teológico Bautista del Sureste

«Este poderoso y novedoso libro ofrece con total simplicidad una mirada fresca de Jesús, pasando por siglos de malentendidos. James Merritt ama profundamente a Jesucristo, y en este libro aprenderás por qué tú también deberías amar y seguir a Jesús».

—**Albert Mohler,** presidente del Seminario
Teológico Bautista del Sur

«Hace dos mil años, un carpintero desconocido invitó a unas pocas personas muy comunes y corrientes a estar con Él. Esa invitación sigue vigente, y ha cambiado al mundo como ninguna otra. Ahora James Merritt hace concreta y asequible esa invitación para personas comunes y corrientes en nuestros días. No se me ocurre una mejor manera de pasar 52 semanas que aprender de este libro a pasarlas con Jesús».

—**John Ortberg,** pastor principal de la Iglesia Presbiteriana Menlo Park

«Una de las grandes ironías de nuestra época es que muchas personas encuentran a Jesús aburrido o, en el mejor de los casos, sentimentalista. Sin embargo, nadie en la Biblia jamás encontró aburrido a Jesús. Las personas lo amaron o lo odiaron; acudieron a Él con admiración o tramaron su muerte. En este estudio útilmente expuesto, James Merritt te ayuda a mirar al verdadero Jesús, y lo más probable es que tendrás una de esas dos reacciones. Podrías quedar sorprendido. Podrías enfurecerte. Pero al menos sabrás que has encontrado la verdad».

—**J. D. Greear,** pastor de The Summit Church

«La Palabra de Dios nos transforma. Me transforma. Te transforma. Mi colaborador en el evangelio, James Merritt, nos invita a invertir tiempo diariamente en la Palabra de Dios y a conocer a Jesús. Este recurso es sistemático, convincente y lleno de ilustraciones vívidas. Mediante él descubrirás cómo la Biblia revela a Cristo de una manera nueva a medida que pasas tiempo con Él cada día».

—**James MacDonald,** pastor principal de Harvest Bible Chapel, autor de
¡Señor, ayúdame a cambiar! y *Cinco promesas de Dios para tiempos difíciles*

52 SEMANAS CON JESÚS

UN ENCUENTRO CON AQUEL QUE LO CAMBIÓ TODO

JAMES MERRITT

EDITORIAL
PORTAVOZ

La misión de *Editorial Portavoz* consiste en proporcionar productos de calidad —con integridad y excelencia—, desde una perspectiva bíblica y confiable, que animen a las personas a conocer y servir a Jesucristo.

Título del original: *52 Weeks with Jesus* © 2014 por James Merritt y publicado por Harvest House Publishers, Eugene, Oregon 97402. Traducido con permiso.

Edición en castellano: *52 semanas con Jesús* © 2017 por Editorial Portavoz, filial de Kregel, Inc., Grand Rapids, Michigan 49505. Todos los derechos reservados.

Traducción: Ricardo Acosta
Diseño de portada: Dogo Creativo

EDITORIAL PORTAVOZ
2450 Oak Industrial Drive NE
Grand Rapids, MI 49505 USA
Visítenos en: www.portavoz.com

ISBN 978-0-8254-5732-6 (rústica)
ISBN 978-0-8254-6619-9 (Kindle)
ISBN 978-0-8254-8775-0 (epub)

1 2 3 4 5 edición / año 26 25 24 23 22 21 20 19 18 17

Impreso en los Estados Unidos de América
Printed in the United States of America

Dedico este libro al Señor Jesucristo.
No existe nadie como Jesús.
Nunca ha existido ni jamás existirá nadie como Él.

Contenido

Cuarta sección: Jesús, el narrador de historias

Quinta sección: Jesús, el Maestro

Sexta sección: Jesús, el servidor

Séptima sección: Jesús, el líder

Octava sección: Jesús, el vencedor

Prólogo

No puedes tocar a Bach sin un experto movimiento de los dedos sobre el teclado. Pero si te enfocas en el tecleo y no en la música, no puedes tocar a Bach. Al menos durante un siglo, los eruditos bíblicos se han enfocado más en el tecleo que en la música, por lo que a veces ha sido difícil escuchar los compases de una fe bíblica. El libro *52 semanas con Jesús,* de James Merritt, es una sonata brillante en la línea limitada de los músicos verdaderos de la fe cristiana.

Uno de los virtuosos más destacados de la fe entre los eruditos bíblicos del siglo xx fue Paul Sevier Minear, un erudito en el Nuevo Testamento que enseñaba en la facultad de teología de Yale. Su obra, *Images of the Church in the New Testament* [Imágenes de la Iglesia en el Nuevo Testamento], publicada por primera vez en 1960, presentó noventa y seis imágenes de la iglesia que encontró en el Nuevo Testamento. El libro me enseñó lo que Jesús estaba haciendo en su estilo único de comunicación. Minear estaba haciendo cirugía del cerebro o, mejor dicho, cirugía del alma, mostrando metáforas por las que deberíamos vivir y por las que vale la pena morir.

Este libro clásico, adelantado para su época, ha ocupado un lugar preponderante en mi arsenal de armas secretas. Lo he obsequiado en graduaciones, ordenaciones, cumpleaños y promociones. En una ocasión, antes que lo reimprimieran, usé mi tarjeta de crédito para comprar todos los ejemplares disponibles en el mercado mundial.

52 semanas con Jesús de James Merritt es un valioso compañero de la obra de Minear. El libro de Merritt presenta decenas de metáforas respecto a Jesús y apoya cada una con referencias bíblicas, comentarios, meditaciones y oraciones. Este libro se ha añadido ahora a mi reserva de armas secretas. Pienso regalarlo a menudo a otras personas.

Volverás a leer esta obra por sus historias fascinantes y sus imágenes deslumbrantes. Pero también encontrarás en Merritt un escritor sumamente evocador, con mensajes maravillosamente edificantes que se acercan a ti como una tarantela italiana: en giros estupendos y virajes inesperados.

Leonard Sweet
Universidad Drew, Universidad George Fox, Sermons.com

Introducción: El Incomparable

Me enamoré de Jesús en un lugar muy insospechado: una sala de cine. La mayoría de personas que se llaman cristianas dice que su momento mágico llegó en una reunión de iglesia, en una conversación espiritual con una amistad, o tal vez en un avivamiento en una tienda de campaña mientras los pies les crujían sobre el aserrín. No sucedió así conmigo. Me volví loco por Jesús en una pequeña sala de cine en la Georgia rural, y nunca volví a ser el mismo.

Mientras crecía no vi muchas películas porque a papá no le gustaba el cine. Como un hombre excesivamente ahorrativo, él creía que ir al cine era desperdiciar dinero, en especial cuando podíamos quedarnos en casa y ver televisión. Pero mamá era distinta a papá en un modo muy importante: le gustaba gastar dinero y buscaba excusas para hacerlo.

Acababa de llegar de la escuela a casa la tarde de ese viernes cuando mamá nos informó, a mi hermano y a mí, que iríamos «a ver el espectáculo». No me molesté en preguntar qué veríamos. Me importaba poco que la película incluyera vaqueros o dibujos animados, porque sabía que mamá nos compraría un envase mantecoso de palomitas de maíz más grande que mi cabeza. Además, al haberme criado en el campo, «ir al pueblo» y ver la enorme ciudad de Gainesville, Georgia, siempre era algo seductor.

El teatro Royal era el único en el pueblo y presentaba una sola película, por lo general durante dos o tres semanas. Al acercarnos al edificio ese caluroso día de agosto, el cartel nos informó: «Rey de reyes». *¿Se trataría esta película de acción medieval con caballos al galope y caballeros enfrentándose en torneos?* Esperaba que así fuera.

Tras recoger las obligatorias palomitas de maíz y los refrescos, buscamos asientos en una enorme sala que fácilmente pudo haberse usado como depósito de antigüedades. Bajamos por la mitad del pasillo sobre una alfombra raída antes de dejarnos caer en tres asientos de terciopelo desgastado. Entonces comenzó la película.

Después de los créditos de apertura, Jesús apareció en la pantalla, y los ojos se me agrandaron. Había oído historias acerca de Él desde que yo estaba en pañales: desde su nacimiento en un establo hasta sus impresionantes milagros y toda una lista de dichos en lenguaje divertido. Yo creía que Él me amaba «porque la Biblia me lo dice», pero nunca había *visto* ninguna de estas historias.

La mayor parte de la película fue muy interesante. Nada nuevo, raro o extraordinario. Pero entonces comenzó la escena de la crucifixión, y mi nivel de atención se disparó como un corcho en la víspera de Año Nuevo. El sonido de los clavos hundiéndose en las manos de un hombre que no merecía la muerte provocó ira dentro de mí. Aun mi mente de nueve años de edad reconoció el desconcierto.

Sentado en ese oscuro teatro, sin que mamá se diera cuenta, en mi corazón empecé una conversación con Dios. *¿Por qué estos soldados romanos están crucificando a Jesús? Él no ha hecho nada malo. Jesús dio vista a ciegos, ayudó a paralíticos a volver a caminar, alimentó estómagos hambrientos, defendió a desvalidos, amó a difíciles de amar y no cometió ningún delito. ¿Por qué lo están crucificando?*

Una respuesta atravesó la oscuridad y penetró mi corazón: «*Ellos* no están crucificándolo. ¡Tú lo estás haciendo!» Quedé sin aliento y se me revolvió el estómago. ¿Qué debía hacer con tal acusación? Hice mi propia defensa. *¿Yo? Yo no estaba allí cuando ellos crucificaron a Jesús.*

La escena avanzó y supuse que la conversación había terminado. Me declaré ganador por nocaut técnico. Pero entonces volvió la voz: «Recuerda que Él murió por *tus* pecados». La voz tenía razón. Los soldados romanos y los clavos no fueron los únicos que clavaron a Jesús a la cruz. Mis pecados lo pusieron allí. Yo lo había azotado, maltratado, desfigurado, escupido, humillado, me había burlado de Él y lo había condenado. Jesús murió por mí, a causa de mí y en mi lugar.

En ese momento lo comprendí:

No hay nadie como Jesús.

Oré: *Jesús, creo que moriste por mis pecados. Creo que resucitaste de los muertos. No existe nadie como tú. Por favor, perdóname y sálvame. Amén.*

Me quedé quieto por un momento, sin saber si había hecho algo en absoluto. No me sentí diferente. No me cantó un coro de ángeles, ni brillaron luces resplandecientes en mi asiento, y ninguna voz baja y profunda me gritó: «Soy Dios. Bienvenido a mi familia». No obstante, yo sabía que el niño que iba a salir del teatro Royal no era el mismo que había entrado. Empujé con el codo a mamá y antes que ella pudiera hacerme callar, susurré: «Mamá, creo que acabo de ser salvo. Acabo de pedirle a Jesús que entre a mi corazón».

Al pensar en este momento, me doy cuenta ahora de que ese día yo había iniciado un romance con un carpintero. Me enamoré locamente de un bebé que estaba en un pesebre. Llegué a obsesionarme con un nazareno que anduvo sobre el agua, que calmó tormentas y que hizo milagros. ¿Y sabes qué? Nunca me he repuesto de esa experiencia.

No hay nadie como Jesús. Y por eso es que sostienes este libro en tus manos. Ya seas historiador, científico, filósofo o un individuo común y corriente, tienes que estar de acuerdo en que Jesucristo es uno de los seres humanos más influyentes que han caminado sobre la tierra. La *Enciclopedia Británica* secular dedica más de veintiún mil palabras a Jesús. Las principales obras de arte, música y literatura a lo largo de la historia humana se han dedicado a estudiar la historia de Jesús; incluso el tiempo está dividido por la vida de este personaje (a.C. indica «antes de Cristo», y d.C. significa «después de Cristo»). A pesar de que Él murió a principios de su tercera década, hoy día más de dos mil millones de personas afirman seguir sus enseñanzas.

El historiador de Yale, Jaroslav Pelikan, escribió en cierta ocasión: «A pesar de lo que alguien pueda pensar o creer personalmente acerca de Jesús de Nazaret, Él ha sido el personaje dominante en la historia de la cultura occidental durante casi veinte siglos».[1]

Sin embargo, la importancia de Jesús es una influencia tanto positiva como negativa entre quienes lo siguen. Gran parte de nuestras vidas hemos visto y oído tantas representaciones de Él, que creemos conocerlo mejor de lo que en realidad lo conocemos. La vida y las enseñanzas de Jesús son tan abundantes y profundas, que los que han dedicado sus vidas a estudiar el Nuevo Testamento descubren constantemente nuevos

---

1. Jaroslav Pelikan, *Jesus Through the Centuries: His Place in the History of Culture* (New Haven, CT: Yale University Press, 1985), p. 1.

elementos de quién es Él a medida que sondean las profundidades del relato bíblico.

Según escribe Tim Stafford, Jesús se ha vuelto «engañosamente conocido. La gente cree saber todo respecto a Él, así que nunca lo miran. Cuando finalmente lo hacen, se sorprenden de lo que encuentran. Jesús puede parecer un extraño, aunque hayan crecido en su compañía».[2]

Hace unos años comencé a preguntarme cuán diferente sería la vida de alguien si dedicara solo un año, tan solo cincuenta y dos semanas, a conocer y enamorarse de Jesús. Decidí probarlo. Me sumergí en los Evangelios cada semana durante un año. Leí libros sobre Jesús. Escuché otros mensajes acerca de Jesús. Cada sermón que prediqué en un año fue tomado de un relato de Jesús en los Evangelios.

A medida que ese año avanzaba, observé que yo había cambiado. Mi pasión por Jesús creció, mi amor por Él se había agudizado, y mis ojos estaban abiertos a nuevas facetas de su maravilla, belleza y majestad. Además, todos los que se me habían unido en el intento estaban experimentando lo mismo. Allí fue cuando decidí escribir este libro, porque creo que pasar un año con Jesús puede trasformar tu vida. Creo que puede ayudarte a ser un mejor padre, un cónyuge más amoroso, un amigo más refinado y una persona más generosa, cariñosa y compasiva.

Me enamoré de Jesús sentado en un cine hace casi una vida. Mi oración es que tú hagas lo mismo durante las cincuenta y dos semanas siguientes.

---

2. Tim Stafford, *Surprised by Jesus: His Agenda for Changing Everything in A.D. 30 and Today* (Downers Grove, IL: InterVarsity Press, 2006), p. 10.

Cómo leer este libro

Quizá te imaginaste que este libro está diseñado para leerse en el transcurso de un año. Si prefieres, puedes digerirlo con más rapidez, pero se busca que el período de un año proporcione tiempo para reflexionar y permitir que el contenido se asimile. Cuando viertes miel de arce sobre una pila de panqueques, tarda un poco para que el líquido ámbar los remoje profundamente. De igual modo, explorar las profundidades de Jesucristo a menudo se logra mejor con el tiempo.

El libro está dividido en secciones y cada una se enfoca en un aspecto diferente de quién es Jesús. Dentro de cada sección hay capítulos, cincuenta y dos en total, uno por cada semana del año, y cada capítulo está dividido en cinco segmentos cortos. Puedes leer un segmento por día comenzando el lunes, o puedes leerlos todos de una vez y luego volver a repasarlos a lo largo de la semana. Al principio de cada capítulo encontrarás pasajes bíblicos para leer y explorar cada día. Al final descubrirás una oración y una pregunta para tu consideración. Hacer anotaciones en un diario personal a medida que lees puede ser útil.

Si por alguna razón pierdes una semana al dejar el libro sin querer sobre tu mesa de noche por salir para unas vacaciones familiares o al experimentar la muerte inesperada de un ser amado, no te preocupes. Puedes reanudar la lectura la semana siguiente. Espero no añadir más obligaciones a tu vida ya atareada; ¡más bien deseo proporcionarte un recurso que tiene el poder de transformar tu vida!

Jesús, el transformador

Los cumpleaños no son raros, a menos que el bebé sea Dios. Comencemos nuestro viaje con Jesús en un lugar lógico: su linaje y nacimiento. Más que una dulce y acaramelada historia de Navidad, el comienzo de Cristo revela por qué Él debe ser importante para nosotros y por qué somos importantes para Él.

1

Al igual que nosotros

Por qué eres quien eres

¿Qué haces cuando Dios calla?

Esa es la pregunta que el pueblo judío estuvo haciéndose durante los cuatrocientos años anteriores al nacimiento de Jesús.

Por siglos Dios habló a su pueblo, pero cuando el último profeta, Malaquías, escribió sus últimas palabras e hizo a un lado su pluma, Dios dejó de hablar. Durante casi medio milenio no oyeron gruñidos piadosos ni pesadillas celestiales. Solo silencio.

Cuando finalmente Dios comenzó a hablar de nuevo, lo primero que le hizo anotar a alguien fue un árbol genealógico. Podrías sentir la tentación de saltarte la genealogía en la parte delantera de tu Nuevo Testamento (*¿Quién desea repasar los nombres de extraños dando origen a extraños?*), pero no te atreves a hacerlo.

¿Por qué?

¡Porque este árbol genealógico es tuyo!

Imagina que un pariente lejano te dice que localizó un árbol genealógico que rastrea tu linaje más de dos mil años. No esperarías hasta la hora del café para leerlo. No, se lo arrebatarías a esa persona y lo estudiarías, aunque tuvieras que utilizar un día de vacaciones en el trabajo.

Las genealogías en la Biblia merecen tu tiempo porque narran historias de cómo Dios se ha movido en las vidas de tus antepasados por milenios, y por qué eres quien eres. Y, además, las genealogías nos dicen mucho respecto a nuestro hermano mayor, Jesús.

Dios supervisa el futuro

Tres nombres se destacan en el abundante entramado de la genealogía de Jesús: Abraham, Judá y David. Dios prometió desde el principio que el Mesías vendría a través de un linaje particular:

- la familia de Abraham (Génesis 22:15-18)
- la tribu de Judá (Génesis 49:8-10)
- la casa de David (2 Samuel 7:8-17)

Jesús podía *afirmar* que era el Mesías, pero pronto sería descartado a menos que viniera de la línea del rey David. Todas esas «fulano engendró a zutano» en el Antiguo Testamento existen por un motivo. Dios hizo una promesa desde la época del huerto de Edén de que un Mesías iba a venir: *de* una mujer (Él sería humano como nosotros), *por medio de* la familia de Abraham (Él sería parte del pueblo de Dios), *a través de* la tribu de Judá y la familia de David (Él sería tanto Mesías como Rey).

Dios estaba supervisando el futuro por medio de treinta y nueve libros del Antiguo Testamento, y más de cuatro mil años de historia. Estaba ocupado cumpliendo su promesa al llenar el árbol genealógico de Jesús que resultaría en el nacimiento del Mesías y Rey judío: Jesucristo.

El árbol divino, mi árbol

Cada año en Navidad, el mundo mira dos mil años atrás hacia el nacimiento de un bebé. Pero por más de cuatro mil años, las personas que vivieron al otro lado de ese nacimiento *aguardaron* con interés ese mismo acontecimiento. El nacimiento de Jesucristo no fue accidental. No fue resultado del azar sino consecuencia de la deliberada elección.

«¿Y qué?», preguntarías.

Mucho tiempo antes que naciéramos, Dios también estaba supervisando nuestro futuro. No escogimos a nuestros antepasados; Dios lo hizo. Él designa nuestra identidad, como hizo con Jesús, de modo que podamos encajar en su plan para el mundo. En otras palabras, por tu nacimiento y tu identidad única puedes saber que Dios tiene un plan especial para tu vida.

La próxima vez que tu mundo parezca estar saliéndose de control y te preguntes si alguien tiene la mano en el acelerador del tren, simplemente lee el primer versículo del primer capítulo del primer libro del Nuevo Testamento. Te recordarán que el árbol de Jesús es tu árbol y que Dios tiene el control.

Dios supera el pasado

A medida que se desarrolla la genealogía de Jesús descubrimos que debido a que Jeconías (también conocido como Conías) fue un rey malvado, Jeremías pronunció una maldición sobre él y su dinastía (Jeremías 22:24-30). La maldición no tuvo que ver con que Jeconías no tuviera hijos, sino más bien con que sus descendientes no heredarían el trono de David. Sin embargo, José, el esposo de María, era descendiente directo de Jeconías (Mateo 1:12-16). Oh, no.

Cuando los dolores de parto de María empiezan y nuestro Mesías se dispone a respirar por primera vez el aire de este planeta, observamos un problema en el pasado de Jesús. Pero, así como sucede con nosotros, el pasado no es un obstáculo para Dios.

En el Evangelio de Mateo, la genealogía es paternal y se remonta al padre terrenal de Jesús, José. En el Evangelio de Lucas, la genealogía es maternal y se rastrea hasta la madre de Jesús, María. La madre de Jesús era descendiente directa de David, no nació de la línea de Salomón, donde cayó la maldición de Jeconías, sino que vino de otro hijo de David llamado Natán (2 Samuel 5:14). Una rama de la línea de David se corta en Jeconías, pero otra rama desciende a través de Natán, eludiendo esta maldición.

Legalmente Jesús es el hijo de David a través de José. Biológicamente es el hijo de David a través de María.

Dios puede superar cualquier problema que haya detrás de ti a fin de alcanzar el propósito que te ha fijado.

Tú formas parte del plan

Dios pudo haber dejado a Jesús en la puerta de alguien, pero en vez de eso lo hizo a través de un mosaico de personas comunes. ¿Por qué usó Dios a toda esta gente en el árbol genealógico de Jesús?

Se ha observado que apenas cinco puntos de identificación pueden distinguir a cualquier individuo de los miles de millones de otras personas en este planeta: nombre, dirección, ciudad, provincia y nación de residencia. Si alguien en cualquier parte del mundo escribiera esos indicadores, podría localizarte.

Así como Jesucristo tuvo ciertas señales que lo identificaron como el Mesías, tú y yo hemos nacido con ciertos caracteres escogidos por Dios para que pudiéramos encajar en su plan. Dios desea que nuestras vidas sean una obra maestra de su bondad y su gracia: «Somos la obra maestra de Dios. Él nos creó de nuevo en Cristo Jesús, a fin de que hagamos las cosas buenas que preparó para nosotros tiempo atrás» (Efesios 2:10, NTV).

Jesús fue como nosotros, nació con un pasado y una historia, y hemos sido hechos para ser semejantes a Él. Dios quiere que seamos una obra maestra de su gracia viviendo para su gloria y expresando su bondad a otras personas.

Oración de esta semana: *Señor, gracias por incluirme en el riquísimo linaje que me ha convertido en un miembro de tu familia. Prepárame para expresar tu bondad, de modo que más personas puedan llamarse hijos tuyos.*

Pregunta de esta semana: ¿Cuáles son los beneficios de ser incluido en el mosaico de este árbol genealógico familiar?

2

Inadaptado entre inadaptados

Pasajes bíblicos de esta semana:

- Mateo 1:1-6
- Génesis 38:1-30
- Josué 2:1-24

- 2 Samuel 11:1-27
- Efesios 2:1-10

Desconocidos y ovejas negras

La mayor parte de las personas en las genealogías que Mateo y Lucas hacen de Jesús son desconocidas. Dios prometió que proporcionaría un Mesías a través de la descendencia de Abraham y lo hizo. Pero cuando abres el cofre de cedro del linaje de Jesús, ves que está lleno de ropa sucia. En lugar de una lista de ricos y famosos, el personal parece más bien una fila de identificación de sospechosos en la policía.

Algo que habría llamado la atención de cualquier judío del siglo I fue la inclusión de mujeres en la lista. Esto era muy raro, ya que los antiguos rastreaban el linaje a través de los varones. Sin embargo, la genealogía de Jesús en los Evangelios incluye a cinco damas. Esto determina la norma para la justicia y la igualdad entre los géneros que se refuerza en todo el ministerio de Cristo.

Pero aún más extraño es el tipo de mujeres que los escritores decidieron incluir. Si estas damas hubieran sido de los Rockefeller, Hilton u otra realeza social, se podría esperar que fueran antepasadas del Hijo de Dios. Pero las mujeres incluidas en las genealogías del Nuevo Testamento son realmente una vergüenza.

Tamar, Rahab y Betsabé fueron las ovejas negras en el linaje de Abraham y David. Ellas cometieron tres de los pecados sexuales más graves que cualquier antiguo podría cometer: incesto, fornicación y adulterio.

Sin embargo, Dios en su gracia las incluyó en el árbol genealógico de Jesucristo y las utilizó para producir al Salvador del mundo. Parece que el Eterno está diciendo que nadie está fuera del alcance de la gracia de Dios, un mensaje que Jesús reitera en varias ocasiones.

Dios puede alcanzarnos donde estamos

Tamar, la primera mujer mencionada en el árbol genealógico, habría hecho lanzar un grito ahogado a quien conociera su pasado. La historia de esta mujer es uno de los sucesos más perversos, espeluznantes y pecaminosos en la Biblia.

Judá, el hijo de Jacob, escogió a Tamar, una muchacha cananea, para que fuera la esposa de su hijo primogénito, Er. El matrimonio comenzó siendo difícil y nunca llegó a cambiar. Ella era pagana y él era malvado. Er era tan malo que la Biblia dice que finalmente Dios le quitó la vida.

En este punto la historia se complica. Después que Er murió, la ley requería que una viuda sin hijos debía ser entregada a uno de los hermanos del esposo a fin de que ella pudiera tener hijos para conservar el apellido. Uno de los hermanos de Er se negó y el otro era demasiado joven.

Frustrada por no tener hijos, Tamar elaboró un plan malvado. Se disfrazó de prostituta, se cubrió el rostro y esperó a su suegro Judá a la vera del camino. Como estuvo dispuesto a dormir con una prostituta, Judá cayó en el engaño. De esta relación se concibieron gemelos. Fares, quien nació primero, se convirtió en antepasado de Jesucristo.

Dios entrelaza esta cuerda en el entramado del árbol genealógico de Jesús con el fin de resaltar un punto: nadie está fuera del alcance de la gracia. Dios puede alcanzarte donde estás y encajarte en su plan y propósito.

Dios puede cambiar lo que somos

Rahab era prostituta de oficio; la mujer era lo que un erudito bíblico llamó «la celestina de Jericó». Fuera de la genealogía de Mateo, cada vez que en la Biblia se menciona a Rahab se indica como «Rahab la ramera». Ella también pertenecía a los cananeos, enemigos mortales de Israel, quienes adoraban a un dios falso. Sin embargo, Dios también decide incluir a Rahab en el árbol genealógico.

Después de vagar durante cuarenta años en el desierto, los israelitas se preparaban para entrar a la tierra prometida. Josué había enviado espías a explorar la ciudad de Jericó. Cuando estos se toparon con Rahab, le pidieron que los escondiera y ella los ocultó en su casa. Cuando el enemigo vino a buscarlos, Rahab mintió para protegerlos. Como sabía que los israelitas destruirían la ciudad, ella hizo con los espías el trato de que le protegerían la familia. Los hombres acordaron no quitarle la vida a ella o a su familia si colgaba un hilo escarlata de la ventana de la casa donde vivía para que la familia pudiera ser identificada y perdonada.

Rahab no solo arriesgó su vida con el fin de proteger al pueblo de Dios, sino que abandonó a los dioses de los cananeos por el Dios verdadero. Esta ramera profesional terminó convirtiéndose en la tatarabuela de David y antepasada de Jesús. Otro punto para la gracia.

Dios puede usar quienes somos

Mientras David contemplaba la ciudad desde su azotea, observó bañándose a la hermosa Betsabé. Atraído por ella, envió a sus criados a buscarla. La aventura a escondidas de una noche no permanecería en secreto por mucho tiempo, porque Betsabé quedó embarazada y su esposo estaba afuera en la guerra. Como resultado, David terminó urdiendo una artimaña para matar al esposo y así poder casarse con la mujer.

Betsabé no tuvo alternativa cuando el rey mandó a llamarla… debió acudir. Pero debido a la cultura, como adúltera ella era un objeto de vergüenza. Para aumentar al enredo, la mujer se casó con el asesino de su esposo. Esta es una historia tan complicada y despreciable como ninguna otra en la Biblia (¡o en Hollywood, en realidad!).

Sin embargo, de algún modo, de cualquier manera y por alguna razón Dios decidió usar a Betsabé. Aunque el primer bebé murió, Betsabé concibió de nuevo y dio a luz un hijo llamado Salomón, quien se convirtió en el siguiente eslabón de la cadena divina de Jesús, el Hijo de Dios.

Dios puede tomar tus complicados enredos y utilizarlos para bien.

Un mosaico poco probable

Habrías esperado que el árbol genealógico de Jesús fuera un salón de la fama: lleno de héroes y sabios. Pero algunas de sus partes más bien parecen un salón de la vergüenza. La línea familiar de Jesús estaba poblada de gentiles, fornicarios, adúlteros, prostitutas, mentirosos, reyes malvados y otros granujas.

Es realmente apropiado que Dios usara este grupo de inadaptados para darnos un Salvador, porque el Salvador mismo, Jesús, sería un inadaptado. No, Él no pecó, pero hizo añicos los prejuicios una y otra vez. Jesús se negó a encajar en el molde que el pueblo había fabricado para el Mesías, escandalizando a las multitudes a cada paso. Al final de una larga línea de inadaptados encontramos un «Mesías inadaptado».

Dios pone su gracia en exhibición a través del árbol genealógico de Jesús. Dios nos recuerda que puede hacer por nosotros lo que no podemos hacer por nosotros mismos: recoger piezas rotas y juntarlas, tomar vidas destrozadas y repararlas por completo, juntar esperanzas perdidas y volverlas realidad. Ese es el mensaje del árbol genealógico de Jesús.

Oración de esta semana: *Señor, te agradezco porque nadie está más allá de tu gracia sobrenatural y porque eliges obrar mediante vasijas humanas imperfectas. Úsame para tu gloria.*

Pregunta de esta semana: ¿Cuáles son los lugares rotos en tu vida por medio de los que Dios ha decidido obrar?

3

Mesías desordenado

Pasajes bíblicos de esta semana:

* Rut 1
* Rut 2
* Rut 3

* Rut 4
* Mateo 22:41-46

De linaje real

La actriz Brooke Shields tiene un impresionante mosaico familiar. Colgados de su árbol genealógico se encuentran personajes como Carlomagno, El Cid, Guillermo el conquistador, las casas reales de prácticamente todo país europeo, y cinco papas... ¡antes de la imposición del celibato en el siglo XII! Sin embargo, ella no es la única.

Los expertos afirman que incluso sin una conexión *documentada* con algún antepasado notable, las posibilidades son prácticamente de ciento por ciento de que toda persona en la tierra sea descendiente de uno u otro individuo de la realeza.[3] También funciona de la otra manera. Cualquiera que tuviera hijos hace algunos cientos de años es probable que hoy día tenga millones de descendientes, muchos de ellos famosos.

Tú podrías ser un aristócrata real ahora mismo sin siquiera saberlo. Podrías tener la sangre de algún rey o alguna reina fluyendo por tus venas.

Dios demuestra en la genealogía de Jesús que cualquiera puede llegar a formar parte de la más grande familia real de todas, no de la familia de *un* simple rey sino *del* Rey de reyes.

¿Quién *no* querría formar parte de la familia de Dios? ¿Quién no

---

3. Matt Crenson, «*Genealogists Discover Royal Roots for All*», NBC News.com, 1 julio 2006, www.msnbc.msn.com/id/13662242.

desearía sentarse en su mesa? ¿Quién no querría tener parte en su mosaico? Dios se volvió parte de la familia humana con el fin de que nosotros pudiéramos volvernos parte de su familia celestial.

Todos están invitados a la familia de Dios

Mateo fue un escritor judío que escribió a una audiencia judía respecto de un Mesías judío. Los judíos, rabinos y eruditos hebreos se habrían intrigado en gran manera al leer acerca del linaje y del árbol genealógico de este hombre llamado Jesucristo.

No obstante, ¿y si no hubieras sido judío? ¿Y si hubieras sido gentil?

Durante miles de años, los gentiles tuvieron que mirar todo desde afuera. Así que si un gentil leyera esta genealogía sumamente judía, podría pensar: *¿Y qué? Esto no me ayuda en nada. Soy gentil.* Sin embargo, el hecho de que una mujer llamada Rut aparezca en la genealogía de Jesús *puede* ayudar.

Rut era gentil, moabita, una tribu de personas que descendían de una raza maldita y cuya existencia era repugnante para el pueblo judío. Los moabitas pelearon contra Israel por muchas generaciones y fueron sus enemigos mortales.

Así que aquí hay un problema en el árbol genealógico de Jesús.

Rut se había casado con uno de los dos hijos de una mujer llamada Noemí, pero tanto el esposo como los hijos de Noemí murieron. Cuando esto pasó, Noemí decidió salir de la nación de Moab y regresar a su tierra nativa de Israel. Una nuera decidió permanecer en Moab, pero Rut prefirió permanecer al lado de su suegra, abandonando su herencia para seguir al Dios de Abraham, Isaac y Jacob. Y Dios le recompensó su fe. Rut se volvió a casar con un pariente cercano de Noemí, convirtiéndose en la bisabuela del rey David y antepasada del Señor Jesucristo.

Todo el mundo está incluido en el amor de Dios

José no fue el padre biológico de Jesús. Y eso plantea la pregunta que el mismo Jesús hizo a los fariseos en Mateo 22: «¿Qué pensáis del Cristo? ¿De quién es hijo?» (Mateo 22:41-42). Jesús estaba diciendo a los fariseos que estos debían estar preguntándose: «¿Quién es tu papá?».

Mediante el Espíritu Santo de Dios, la virgen María concibió al bebé llamado Jesús. Tanto la virginidad de María como la actividad del

Espíritu Santo fueron necesarias para que Dios pudiera formar parte de la familia humana.

Había otras maneras en que Dios pudo haber cumplido su voluntad. Pudo haber creado a Jesús como un ser humano completo en el cielo y haberlo dejado en el umbral del planeta Tierra sin la ayuda de ningún padre humano. Pero entonces nadie habría creído que era totalmente humano. Por otra parte, Dios pudo haber hecho que Jesús viniera al mundo con dos padres humanos, y de alguna manera milagrosa pudo haberle preservado su naturaleza divina, pero nadie habría creído que era completamente Dios.

Dios, en su sabiduría, se encargó de que Jesús fuera concebido por el Espíritu Santo y que naciera de una mujer para que tanto su deidad plena como su humanidad plena fueran evidentes desde el momento de su concepción hasta el momento de su nacimiento. Como humano sería uno de nosotros; como Dios nos amaría a todos.

Todo el mundo es importante para el corazón de Dios

La genealogía de Mateo se remonta hasta Abraham, donde se detiene porque el evangelista se dirige a los judíos. Pero Lucas, quien también es gentil, se remonta hasta Adán: «Hijo de Enós, hijo de Set, hijo de Adán, hijo de Dios» (Lucas 3:38).

Mientras estuvo en este planeta, Jesucristo fue completamente humano, igual que tú y yo. Experimentó tentación, odio, persecución, golpes, hambre, sed y desconsuelo igual que tú y yo.

Por impresionante que sea, el punto central de la genealogía de Lucas es el hecho de que *termina* en Dios. ¿Ves las últimas tres palabras: «hijo de Dios»? Ese final es único en su clase. No existe paralelo en el Antiguo Testamento o en ningún otro texto antiguo con relación a una genealogía que comience o termine con el nombre de Dios.

Así es, Jesús es el hijo de Adán. Es un ser humano; pero *también* es el Hijo de Dios. Él se convirtió en parte de nuestra familia humana a fin de que pudiéramos formar parte de su familia celestial:

Cristo, el Hijo de Dios,
Se convirtió en hijo de Adán
Para que nosotros, hijos de Adán,
Pudiéramos convertirnos en hijos de Dios.

Las piezas del mosaico

Cuando Jesucristo formó parte del mosaico que encontramos en Mateo 1 y Lucas 3, cuando se volvió parte de un árbol genealógico, le estaba diciendo a cada persona que alguna vez llegaría a ser parte de la humanidad: «Te amo. Quiero ser tu Salvador. Anhelo salvarte de tus pecados. Eres importante para mi corazón». No solo que Jesús se convirtió en parte de la familia humana, sino que esta especie de mosaico nos dice que *nosotros* podemos llegar a formar parte de su familia *celestial*.

Tú y yo entramos a la familia humana, la familia de *Adán,* del mismo modo que lo hizo Jesús: por nacimiento físico y biológico. Pero para entrar a la familia de *Jesús* tenemos que experimentar un nacimiento espiritual. La primera vez que naces, lo haces en la familia de Adán; pero cuando naces de nuevo, entras a la familia de Jesucristo.

El Nuevo Testamento es la historia de una familia: la familia de Jesús. Dios formó parte de nuestra familia para que pudiéramos formar parte de la suya. Y así como Dios usó a dos mujeres comunes y corrientes, llamadas Rut y María, para ocasionar un efecto duradero en el mundo, Dios puede usarte para causar una impresión duradera en otras personas viviendo para Él, amándolo y haciendo su voluntad.

Oración de esta semana: *Señor, gracias por volverte parte de la familia humana a fin de que yo pudiera llegar a formar parte de tu familia celestial. Enséñame a vivir para ti, a amarte y a hacer tu voluntad.*

Pregunta de esta semana: ¿A quién conoces que todavía no forma parte de la familia de Dios que podría volverse parte de este árbol genealógico?

Jesús, la respuesta

Al igual que Hansel y Gretel, Jesús arroja migas de pan por el camino para que podamos conocerlo. Nos ofrece símbolos, imágenes, representaciones y claves para recordarnos que Él es más que piel y huesos. Aunque Jesús es humano, no es como tu vecino de al lado o como un propietario gruñón. Él es muy diferente y mejor que ellos. Jesús utiliza siete declaraciones «Yo soy» en el Evangelio de Juan para anunciar los intrincados pliegues de su personalidad e identidad, que nos ayudan a entender no solo *quién* es Él sino también *qué* quiere ser para nosotros.

4

Pan para el viaje

Pasajes bíblicos de esta semana:

* Juan 6:22-40
* Juan 6:40-59
* Éxodo 16:1-21

* Nehemías 9:9-21
* Salmos 78:17-25

Gente hambrienta

¿Quién soy?

Esta es la pregunta que Jesús responde mediante siete declaraciones encontradas solo en un lugar en los cuatro Evangelios.

Jesús empieza: «Yo soy el pan de vida» (Juan 6:35, 48). La metáfora es rica, incluso para los lectores modernos. Puedes viajar a casi cualquier país del mundo y sentarte en cualquier restaurante, y probablemente encontrarás algún tipo de pan en el menú. No todos los restaurantes sirven bistecs o mariscos. Por desgracia, la mayoría de restaurantes no ofrece perros calientes, pollo frito y aros de cebolla (algunos de mis favoritos), pero casi todos sirven pan. El pan es un elemento básico desde el inicio del tiempo.

«Lo que el alimento es para tu cuerpo yo soy para tu alma», declaró Jesús.

El pan es algo que la mayor parte de seres humanos tiene en común. Aunque no tengan nada más, es probable que los pobres tengan pan. Los ricos que tienen todo por lo general también comen pan. El pan no es un alimento perteneciente a una región o una nación en particular. Viene en todas las formas y todos los tamaños. En América del Sur puede ser una arepa. En Nueva York, una rosquilla. En Georgia, un bizcocho. Si viajas a Etiopía, encontrarás *injera*.

En una simple declaración, Jesús nos recuerda que Él es el sustento para todas las personas, en todos los lugares, en todo momento.

Jesús el alimentador

Jesús acababa de alimentar a cinco mil personas con unos cuantos panes y unos pocos peces. Él y sus discípulos habían dejado las multitudes y cruzado el mar de Galilea a un lugar donde pensaron que podían hallar algún descanso, pero en vez de eso, grandes muchedumbres fueron tras ellos. Jesús sabía exactamente por qué venían.

> Respondió Jesús y les dijo: De cierto, de cierto os digo que me buscáis, no porque habéis visto las señales, sino porque comisteis el pan y os saciasteis (Juan 6:26).

Jesús no solo sabe *lo que* hacemos, sino que siempre sabe *por qué* lo hacemos. Él quiere que lo sigamos por los motivos correctos, y este gentío no lo hizo. Creyeron que habían encontrado una mina de oro en Jesús. Él iba a ser el panadero de ellos y quien les proporcionaría pescado; no era solo un Mesías sino un sustento; no era simplemente el Cristo sino un cocinero cósmico.

Aunque Jesús quería proveer para las necesidades físicas de ellos, también tenía algo más en mente.

Busca lo espiritual, no lo material

Las multitudes vieron en Jesús a alguien que podía poner un bistec en cada mesa y satisfacerles todas sus necesidades físicas. Pero al obsesionarse con lo material pasaron por alto lo espiritual. Jesús los animó a dejar de trabajar por lo que no dura y a comenzar a enfocarse en lo que perdura. Luego alguien hizo una gran pregunta:

> ¿Qué debemos hacer para poner en práctica las obras de Dios? Respondió Jesús y les dijo: Esta es la obra de Dios, que creáis en el que él ha enviado (Juan 6:28-29).

No les gustó esa respuesta.

> Le dijeron entonces: ¿Qué señal, pues, haces tú, para que veamos, y te creamos? ¿Qué obra haces? Nuestros padres

comieron el maná en el desierto, como está escrito: Pan del cielo les dio a comer (6:30-31).

Estaban diciendo: «Moisés alimentó al pueblo de Israel todos los días con maná del cielo. ¿Por qué no puedes al menos ser igual a Moisés y hacer lo que él hizo?». Jesús quería ser el Salvador de ellos, pero ellos querían a alguien que les satisficiera sus necesidades materiales.

Vive para lo eterno, no para lo temporal

¿Sabes por qué lo físico y lo material solo pueden producir satisfacción temporal? La *materia* es transitoria, pero tu alma es eterna. Por naturaleza, lo temporal no puede traer seguridad, significado y satisfacción para lo eterno. Por mucho dinero que tengas, siempre querrás más.

Piensa en tu típica cena navideña. Te sientas y comes hasta que no te cabe un bocado más en el estómago. Entonces te levantas y declaras: «Estoy tan lleno que no me importa si alguna vez vuelvo a comer». Estás completamente satisfecho como por tres horas y entonces regresas al refrigerador en busca de lo que quedó de la cena.

El hambre es algo que Dios ha puesto en el cuerpo humano para recordarnos que debemos comer, porque moriremos si no comemos. Hay un hambre espiritual en el corazón humano y un hambre eterna en el alma humana que no pueden satisfacerse con otra cosa que no sea Jesucristo, el Pan de vida.

El mundo quiere satisfacer tu cuerpo. Jesús quiere además satisfacer tu corazón. El mundo quiere que te enfoques en lo que finalmente morirá: tu cuerpo. Jesús quiere que te enfoques en lo que va a vivir para siempre: tu alma.

El pan que satisface

Piensa en cómo se hace el pan. El proceso empieza cuando se siembra grano en un campo. Al madurar debe cortarse, molerse para hacer harina y convertirse en masa. Luego, antes que pueda volverse pan, tiene que pasar por el fuego de un horno.

Jesús fue plantado como una simiente en la matriz de una virgen. Nació en este mundo y creció totalmente sin pecado. Y cuando estuvo maduro, en el apogeo de su ministerio, fue cortado y puesto en el fuego del horno de la ira de Dios en forma de una cruz. Pero salió de una tumba vacía como el consumado Pan de Vida.

Después de la Segunda Guerra Mundial, Europa quedó agobiada con una gran cantidad de niños hambrientos e indigentes que habían quedado huérfanos por el conflicto. Estos niños eran ubicados en enormes campamentos donde recibían suficiente comida y atención. Pero quienes los cuidaban notaron que los pequeños no dormían bien en la noche. Se hallaban ansiosos, temerosos e inquietos.

Quienes los cuidaban se encontraban perplejos hasta que un psicólogo formuló una solución. Les dio instrucciones de entregar a cada niño un pedazo de pan, no para que lo comieran sino para que lo conservaran hasta después de irse a dormir.

Los resultados sorprendieron a todos. Los niños durmieron toda la noche porque sabían que iban a tener comida al día siguiente. Conservar el pan les dio una sensación de seguridad (estaban a salvo), de significado (alguien los cuidaba) y de satisfacción (habrá más pan mañana). Estos aspectos eran lo que esos niños necesitaban y los que cada persona necesita.

Todos nacemos con esta hambre, pero nuestras almas solo pueden ser satisfechas por el Pan de Vida.

Oración de esta semana: *Señor, dador de toda buena dádiva, enséñame a tener hambre del pan que satisface realmente.*

Pregunta de esta semana: ¿Hay otros apetitos y anhelos en tu vida actual que sacian tu hambre de lo que es espiritual y eterno?

5

Luz en medio de tinieblas

Pasajes bíblicos de esta semana:

- Juan 8:12-20
- Isaías 9:2, 6-7
- Juan 3:16-21
- Efesios 5:8-14
- 1 Juan 1:5-10

En profunda oscuridad

Hace años, mi esposa y yo viajamos a Kentucky, donde fui al seminario y decidí detenerme en la Cueva del Mamut. El viaje constituyó mi primera y única ocasión de estar en una caverna como esta, y nunca la olvidaré. Descendimos a lo profundo de la cueva y entonces, sin avisarnos, el guía apagó su linterna.

¿Has oído alguna vez el término *acluofobia*? Es temor a la oscuridad. Si no la padecía antes de entrar a la caverna, creo haber quedado afectado con ella después que salí.

Estar en completa oscuridad es perturbador. Induce una sensación de impotencia. Sin embargo, la oscuridad física es nada en comparación con la oscuridad emocional, relacional y espiritual. Cuando estás en la oscuridad y no logras ver tu camino, ni puedes encontrar la salida, Jesús enciende la antorcha.

> Yo soy la luz del mundo; el que me sigue, no andará en tinieblas, sino que tendrá la luz de la vida (Juan 8:12).

La luz es absolutamente esencial

La luz es una de las cosas que con frecuencia no sabemos valorar. Es esencial para la vida. No podemos vivir sin ella. Las plantas son necesarias para la existencia de la humanidad. Y toda la especie humana y toda la vida animal dependen de las plantas para sobrevivir. Las plantas proporcionan todos los aminoácidos esenciales y la mayoría de las vitaminas necesarias para la salud por medio de un proceso conocido como fotosíntesis. Las plantas también producen el oxígeno que necesitamos para respirar. Pero las plantas deben tener *luz* para crecer.

Lo que es válido en el mundo físico también lo es en el mundo espiritual. La vida física es imposible sin luz física y la vida espiritual es imposible sin luz espiritual.

Cuando la luz se apagó ese día en la Cueva del Mamut, los que estábamos allí nos quedamos en oscuridad total y no podíamos ver. Sin embargo, hubo una persona que no solo conocía la salida, sino que tenía algo inestimable en su poder: una luz.

Una tierra de profunda oscuridad

¿Te has sentido alguna vez como si estuvieras en una oscuridad de la que no podías escapar?

- «Mi novia me dejó por otro hombre».
- «Es probable que me divorcie. Mi esposo ha estado engañándome con prostitutas».
- «Estoy deprimido y lloro sin motivo. ¿Cuándo desaparecerá la depresión?».
- «Lucho contra una terrible enfermedad y básicamente estoy acorralado. Me encuentro en tinieblas y necesito ayuda».

¿Qué haces cuando parece que el sol no sale? ¿Cómo disipas la oscuridad? Si estás perplejo, pregúntate: «Si quisiera deshacerme de la oscuridad en una habitación, ¿cómo lo haría?». ¿Te sentarías en un sofá y sentirías lástima por ti mismo? ¿Agarrarías una escoba y tratarías de barrer la oscuridad? ¿Intentarías eliminar la oscuridad con una pala o una aspiradora?

Solo hay una solución para tal dilema: encender la luz. La oscuridad sale corriendo cuando llega la luz. Y Jesús es la luz que disipa la oscuridad espiritual y emocional.

Jesús no dijo que Él era *una* luz, una entre muchas, sino *la* luz. No afirmó que era una luz solo *para algunos,* sino que es la luz *del mundo.* Y cuando la vida parece más oscura, Jesús es más brillante.

Si estás viviendo en tinieblas, te invito a entrar en la luz.

Entra en la luz

Jesús hace una promesa increíble: que en el momento que vienes a Él y te rindes a Él, nunca volverás a caminar en oscuridad. ¿Cómo puede Jesús estar tan seguro? A pesar de que Jesús mismo se llamó «la luz del mundo», también nos llamó lo mismo, diciéndoles a sus discípulos en Mateo 5:14: «Vosotros sois la luz del mundo».

De las siete maneras que Jesús se llama, este es el único título que también nos lo da a nosotros. Si eres seguidor de Jesucristo, también deberías ser luz en medio de la oscuridad. Tu labor es dejar que Jesús brille en ti y a través de ti para que quienes viven en la oscuridad también encuentren la luz.

Por eso no basta con brillar.

La luz solo es útil cuando se topa con la oscuridad. El lugar en que puedes hacer brillar tu luz, mostrarla y comunicarla a otros no es *dentro* de la iglesia, sino *fuera* de ella. Jesús nos dice que hagamos lo que Él hizo: encontrar lugares oscuros y empezar a brillar.

Cuando te encuentras en oscuridad, Jesús hace brillar su luz. Pero si estás viviendo en la luz, Jesús te llama a brillar en la oscuridad.

Debemos iluminar a quienes viven en lugares oscuros

No tienes que pedir a los demás que te miren cuando enciendes una luz en una habitación oscura. Sus cabezas se volverán instintivamente.

- Practicas deportes, y empiezas a orar por tus compañeros y con ellos. Eres luz en medio de las tinieblas.
- Vives en un vecindario lleno de incrédulos y comienzas a realizar actos de servicio para otros en el nombre de Jesús. Eres luz en medio de la oscuridad.
- Eres en tu oficina el cristiano llamativo que muestra virtud en un ambiente de egoísmo. Eres una luz en medio de las tinieblas.

Jesús nos llamó a encontrar personas en lugares oscuros y a relacionarnos con quienes lo necesitan. Como resultado, escapar de las tinieblas es tan fácil como prender la luz.

Oración de esta semana: *Señor, resplandece en mi corazón y en mi vida. Donde haya oscuridad, permite que lleve tu luz a los que amas.*

Pregunta de esta semana: ¿Estás viviendo en la oscuridad o en la luz? ¿A dónde está llamándote Jesús?

6

Una puerta abierta

Pasajes bíblicos de esta semana:

* Juan 10:1-10
* Isaías 12:1-6
* Hebreos 13:5-6

* Juan 1:9-12
* Colosenses 3:1-4

Un tipo diferente de puerta

Cuando Jesús expresó: «Yo soy la puerta», no estaba describiendo aquellas con pomos metálicos, bisagras chirriantes o llaves brillantes.

> De cierto, de cierto os digo: Yo soy la puerta de las ovejas. Todos los que antes de mí vinieron, ladrones son y salteadores; pero no los oyeron las ovejas. Yo soy la puerta; el que por mí entrare, será salvo; y entrará, y saldrá, y hallará pastos (Juan 10:7-9).

Los oyentes del siglo I sabían exactamente lo que Jesús quería decir, pero nuestros oídos modernos no lo comprenden con facilidad. Había dos tipos de rediles en Israel. Uno estaba cerca de una aldea o de un pueblo, y constituía un recinto para las ovejas de todos los pastores. Los propietarios de las ovejas ponían en común sus recursos y contrataban a alguien que les vigilara los rebaños.

El otro tipo de redil estaba en las colinas, lejos de cualquier aldea. En tres costados se apilaban rocas de aproximadamente 1,50 y 1,80 metros de alto, y había una pequeña abertura de más o menos metro y medio de ancho por la que las ovejas entraban en la noche. El pastor se acostaba frente a esa abertura y se convertía en *la puerta* para el rebaño. Nada podía entrar o salir a menos que el pastor lo permitiera.

Igual que la puerta, el pastor proporcionaba a sus ovejas los tres mismos elementos que vimos anteriormente que cada uno de nosotros anhelamos. Ofrecía a las ovejas *seguridad,* ellas sabían que estaban seguras mientras el pastor estuviera en la entrada. Ofrecía a las ovejas *significado,* sabían que le importaban al pastor y que él las cuidaba. Ofrecía a las ovejas *satisfacción,* porque les proporcionaba alimento y agua.

La puerta de la seguridad

El pastor era responsable de cerciorarse que las ovejas se sintieran seguras. Lobos y ladrones llegaban en la noche ya sea para comer o para robarse las ovejas. El rebaño podía descansar solo si sabía que su pastor estaba protegiéndolas arriesgando su propia vida.

Esto es lo que Jesús quiere decir cuando declara: «El que por mí entrare, será salvo; y entrará, y saldrá» (Juan 10:9). Las ovejas tímidas y asustadizas permanecían en el redil día y noche, y nunca salían a pastar a causa del temor. Las ovejas poco cuidadosas y demasiado confiadas permanecían todo el día en la llanura, inconscientes del peligro y sin regresar al redil. El pastor lograba que las ovejas supieran que entrar y salir era seguro.

Jesús nos recuerda que todos necesitamos su presencia en nuestras vidas. Solo Él puede proporcionar la seguridad que deseamos.

Tal vez te identifiques con las ovejas temerosas o con las poco cuidadosas. Quizá te sientes como si ya hubieras atravesado tus puertas equivocadas, o como si nunca hubieras salido del corral. Nunca es demasiado tarde para atravesar la puerta correcta; esta permanece abierta y puedes entrar cuando quieras, sabiendo que Jesús mismo te protegerá y te sustentará.

La puerta del significado

Una de mis películas favoritas es *Corazón valiente.* En una escena emocionante, William Wallace, el héroe, anuncia: «Todos los hombres mueren… pero no todos los hombres viven». No has vivido a menos que te hayas encontrado y entregado a Jesús, a menos que hayas confiado en Él, lo ames y lo conviertas en tu amigo. Cuando llegas a Jesús, sales de una vida carente de significado y entras a una vida repleta de sentido.

Jesús manifestó: «El ladrón no viene sino para hurtar y matar y destruir» (Juan 10:10a). El ladrón es el que mantiene abierta la puerta equivocada y te invita a atravesarla. Si quieres atravesar la puerta de la codicia, la lujuria, los celos o el egoísmo, esto quitará de tu vida el gozo y la paz. Te robará el significado y te dejará totalmente insatisfecho.

Cuando atraviesas la puerta llamada Jesús, todo cambia. Él continúa declarando: «Yo he venido para que tengan vida, y para que la tengan en abundancia» (Juan 10:10b).

Jesús te puso aquí con la finalidad de que vivieras para Él, y te ofrece el propósito que has estado añorando.

La puerta de la satisfacción

Jesús extiende la metáfora de las ovejas diciendo que quien atraviese la puerta, «entrará, y saldrá, y hallará pastos» (Juan 10:9) de parte de Él.

No se necesita mucho para satisfacer a las ovejas, que son una de las criaturas más simples y fáciles de cuidar. Dales a comer pasto verde y a beber agua cristalina, y tendrás un rebaño satisfecho.

Cada mañana el pastor sacaba las ovejas del redil y las llevaba a pastos verdes donde podían encontrar comida, alimentarse y descansar. Al finalizar la tarde, cuando el pastor debía conducir el rebaño al redil, les daba a beber agua fresca a cada una de ellas. Luego, cuando volvían a entrar al redil, comprobaba si tenían cortes, garrapatas o insectos no deseados, y les aplicaba medicina, por lo general aceite. También revisaba que no se les hubieran clavado espinas o púas, y les limpiaba la lana. Su labor era asegurarse de que las ovejas estuvieran satisfechas durante el día, y cuidadas y seguras durante la noche.

Jesús es la puerta que *realmente* satisface.

Búsqueda de la puerta

Hace años, el psicólogo James Coleman, de la Universidad de California en Los Ángeles, escribió: «Mientras las personas modernas luchan con la desconcertante inquietud de su propia existencia… la ciencia no puede proporcionar respuestas completas… puede decir el cómo, pero no el porqué». Coleman agrega: «A pesar de sus excelentes automóviles, de sus refrigeradores bien surtidos y de otras posesiones y comodidades materiales, el significado de la vida parece estar evadiéndolas. Padecen ansiedad existencial: preocupación profunda por encontrar valores que les permitan vivir de manera satisfactoria, plena, significativa y con sentido».[4]

La gente pasa la vida tratando de hallar las puertas de la seguridad, el significado y la satisfacción, pero no las encuentran. Sé sincero contigo mismo. ¿Estás seguro de quién eres, de qué tienes y a dónde vas? ¿Te consideras importante? ¿Estás entregando tu vida a cosas que importan y que son determinantes? ¿Estás satisfecho? ¿Tienes paz en tu corazón cuando te acuestas y cuando te levantas en la mañana?

Si eres suficientemente sincero y trasparente como para responder no, he aquí cuatro palabras que Jesús pronunció y que necesitas oír: «Yo soy la puerta» (Juan 10:9).

Oración de esta semana: *Señor, gracias porque eres la puerta a la vida abundante y eterna, y porque me has invitado a entrar por ella. Confío en que suples mis necesidades más profundas.*

Pregunta de esta semana: ¿Has salido de la puerta de una vida sin sentido y has entrado por la puerta de una vida de seguridad, significado y satisfacción?

---

4. James C. Coleman, *Abnormal Psychology in Modern Life* (Glenview, IL: Scott, Foresman and Co., 1964), pp. 72, 160.

7

Buena vida

Pasajes bíblicos de esta semana:

- Juan 10:10-18
- Salmos 23
- Isaías 40:9-11

- Ezequiel 37:24-28
- Miqueas 5:1-5

Una comparación desafortunada

Jesús no solo utiliza la metáfora del pastor cuando se refiere a sí mismo como la puerta. Una y otra vez en la Biblia se nos compara con ovejas. Algunas personas creen que esto es algo reconfortante, pero no me agrada tener que decirte que no es nada halagador.

No hallarás un animal más tonto que las ovejas.

Perros y gatos pueden adiestrarse, pero nunca irías a un circo y comprarías una entrada para ver una oveja entrenada. Tienen mala vista. No tienen sentido común. Si se les deja solas, entran a un arroyo y se ahogan. Las ovejas son incluso propensas a caminar por un precipicio y dirigirse a su propia muerte.

Somos diferentes a las ovejas al menos en una cosa: nos preocupamos. Las ovejas son demasiado tontas hasta para preocuparse de no poder cuidar de sí mismas. Pero nosotros sí. Especialmente cuando enfrentamos situaciones que no podemos controlar o circunstancias que no podemos manejar.

Tenemos o tendremos preocupaciones que no podemos resolver, como la ansiedad de un matrimonio que al parecer está a punto de fracasar, o la frustración de un adolescente que ha tomado el camino equivocado. La preocupación de una enfermedad que tal vez no mejora o de una cuenta bancaria que se hunde cada vez más en saldo rojo.

La mejor vida es aquella en que con *fe* y no con temor enfrentas tus temores más profundos, tus lugares más sombríos y las mayores preocupaciones. Cuando comprendes que eres una oveja indefensa, también entiendes que Jesús es el Buen Pastor (Juan 10:11). Esto conduce a una verdad poderosa: las ovejas no necesitan temer cuando el Buen Pastor está cerca.

¿Vaquero o pastor?

¿Sabes la diferencia entre un vaquero y un pastor? Un vaquero *conduce* ganado, pero un pastor *guía* ovejas. Cuando Jesús dice: «El ladrón no viene sino para hurtar y matar y destruir» (Juan 10:10), está refiriéndose a Satanás. ¿Te has preguntado alguna vez si te encuentras en la dirección correcta en cuanto a tu vida o a la decisión que estás a punto de tomar? Recuerda que el Pastor te guiará a los lugares correctos, pero Satanás te conducirá a los lugares equivocados.

Un grupo de turistas que visitaba la Tierra Santa pasó por un rebaño de ovejas que llevaban a la ciudad. Los turistas se pusieron a tomar fotografías.

—Creía que el pastor guiaba a las ovejas desde el frente —preguntó uno de ellos al guía—. ¿Por qué está en la parte de atrás?

—Ese no es el pastor —contestó el guía—, sino el carnicero.

Esa es la posición que Satanás siempre tomará en tu vida. Llevándote, empujándote desde la parte trasera con recordatorios de tu pasado, llenándote de culpa y ansiedad, acribillándote de miedo e incertidumbres en el presente, susurrándote preocupaciones acerca del futuro. Pero Jesús hará que te acuestes sobre pastos verdes. Él te guiará a aguas tranquilas.

Protector, no impedidor

Hace poco cené con uno de mis congresistas en Washington, DC, quien vive en una región en que un tornado acababa de devastar cientos de casas. El hombre me mostró en su teléfono celular una de las fotos más increíbles que he visto. Se trataba de una fotografía de un tornado que parecía como si estuviera exactamente detrás de la escuela primaria donde asistían dos de sus hijos. El tornado pasó milagrosamente detrás de la escuela y causó poco daño. Pero el congresista habló de la sensación de desesperanza que la foto le provocó, sabiendo que no podía haber hecho nada ese día por proteger a sus hijos.

Todos estamos desamparados contra los tornados inesperados en nuestras vidas. No podemos predecir ni defendernos por completo de un chofer ebrio, un asesino desquiciado, un terrorista resuelto o un cónyuge desertor. Al igual que las ovejas, necesitamos un pastor que pueda llevarnos al lugar donde debemos estar.

Los pastores no pueden proteger de la dificultad a las ovejas. Los lobos y los osos quieren devorarlas. El mal clima amenaza al rebaño. Las garrapatas, las pulgas y otros parásitos pueden enfermarlas y debilitarlas. El pastor no puede evitar que las ovejas entren en contacto con osos o lobos, pero puede protegerlas cuando esto ocurre.

Jesús no nos protege *de* la dificultad; nos guarda *en* la dificultad.

Conocidos por nombre

Me fascina cómo Jesús miraba a las personas. Tendemos a ver rostros sin nombre, personalidades insulsas y una lista de impedimentos o dificultades. Pero cuando Jesús miraba unos ojos, *veía* realmente a la persona detrás de ellos. Jesús explicó:

> Yo soy el buen pastor; y conozco mis ovejas, y las mías me conocen, así como el Padre me conoce, y yo conozco al Padre; y pongo mi vida por las ovejas (Juan 10:14-15).

«Conocer» significa mucho más que ser capaz de identificar a alguien por su nombre. En la Biblia, «conocer» sugiere intimidad, el conocimiento más profundo acerca de otra persona. Los pastores no conocen su rebaño en conjunto; conocen a cada oveja de manera individual. Ponen a cada oveja un nombre y pueden hacer salir del redil a una oveja individual. Pero esos pastores también conocen la naturaleza de cada una de ellas. Saben cuáles son propensas a vagar, cuáles son obstinadas y cuáles tienden a meterse en problemas. El Buen Pastor conoce las necesidades de las ovejas y sabe exactamente cómo, cuándo y dónde suplir esas necesidades.

Seguridad garantizada

¿Cuánto crees que valdría un auto, un avión o un tren que estuvieran garantizados contra cualquier accidente? ¿Cuánto pagaría alguien por un barco que tuviera la garantía de que nunca se hundiría bajo ninguna circunstancia? Tener un pastor que te proteja y te guíe no solo en esta vida sino por toda la eternidad es de un valor infinito. Sin embargo, eso es exactamente lo que Jesús quiere ser para nosotros.

Dos aspectos hacen *bueno* a un pastor. Siempre guía a las ovejas hacia donde ellas deben ir y siempre les proporciona lo que necesitan. Es por eso que seguir a Jesús constituye verdaderamente la buena vida. Cuando estás atravesando una dificultad, Jesús te llevará hacia donde debes estar. Cuando estás en desesperación, Jesús te suplirá lo que necesitas.

En el siglo I, a un pastor que se embarcaba en un largo viaje con un rebaño de ovejas se le consideraba exitoso si llegaba con más del cincuenta por ciento de ellas. Ese mundo estaba lleno de peligros: enfermedad, pasto envenenado, agua mala, animales salvajes. Pero es por eso que Jesús es el pastor único en su clase. Si empieza con cien ovejas, termina con cien. No pierde ninguna.

No tienes que llevar una vida de vagar indefenso. Jesús te invita a que lo conviertas en el Buen Pastor de tu vida y llegues a formar parte de su rebaño. La buena vida te espera.

Oración de esta semana: *Señor, estoy perdido sin ti. Este día y esta semana necesito que me guíes y me alimentes. Gracias por ser el Buen Pastor.*

Pregunta de esta semana: ¿Estás viviendo la buena vida? ¿Has decidido seguir al Buen Pastor?

8

Domador de tumbas

Pasajes bíblicos de esta semana:

- Juan 11:1-44
- Salmos 25:1-5
- Salmos 37:1-11
- Isaías 40:27-31
- Romanos 8:18-25

Una hora al día

Todos pasamos al menos una hora al día esperando. Pasaremos cinco años de nuestras vidas sin hacer nada más que esperar. Nos ponen en espera, nos sentamos en la sala de espera del médico, debemos mirar una luz roja o de modo impaciente damos golpecitos con los dedos en un mostrador.

La mayoría de nosotros encuentra frustrante, molesto e irritante todo eso. Pregunta a cualquiera: «¿Qué te gusta hacer para descansar y relajarte?». Nunca te dirá: «Me gusta esperar».

Sin embargo, ¿qué... más... podemos... hacer... sino... esperar?

La molestia de esperar se amplifica en una cultura instantánea y de tiempo real. Entre la Internet, la computadora, el teléfono inteligente y Twitter, siempre estamos entre el deseo de conocer y el de hacerlo ahora mismo. Iremos más lejos y pagaremos más para no tener que esperar.

Un antiguo comercial de la salsa de tomate Heinz representaba a un comilón impaciente esperando que la rica y espesa salsa saliera de la botella. Esperaba. Y esperaba. El público se sobrecogía con este individuo. Una divertida parodia de la misma propaganda representaba a alguien frustrado y cansado de esperar, lanzando contra una pared una botella de vidrio de salsa de tomate.

¿Has tenido alguna vez ganas de hacer eso con Jesús? Le suplicas que aparezca e intervenga, pero el reloj sigue marcando. Aunque te sientes tan molesto como la inmóvil salsa de tomate, Jesús tomó tiempo para asegurarnos que, no importa cuánto tengamos que esperar, Él nunca llega tarde.

«Por qué» esperar

¿Por qué a veces Jesús espera? ¿Y por qué en ocasiones nos hace esperarlo?

Uno de los milagros más célebre en la Biblia, relatado solo en el Evangelio de Juan, hizo famoso a un hombre que nunca hubiéramos conocido de otra manera: Lázaro.

En Israel, la pequeña aldea de Betania está exactamente al otro lado del valle de Cedrón desde Jerusalén, no lejos del Monte de los Olivos. Una familia que vivía allí, un hermano y dos hermanas, habían adoptado a Jesús dentro de la familia, con el propósito de que Él posara allí siempre que pasara por el lugar.

Lázaro había caído gravemente enfermo y cuando las hermanas enviaron por Jesús, identificaron al hermano como «el que amas». Jesús *amaba* a Lázaro. Eran como hermanos.

Juan escribe: «Así que cuando Jesús supo que Lázaro había enfermado, al instante dejó lo que estaba haciendo, fue a Betania lo más rápido que pudo, y curó a Lázaro».

Espera, no fue así. Eso en realidad *no* es lo que Juan dijo. No obstante, es precisamente lo que esperaríamos que dijera. En vez de eso, leemos: «Cuando oyó, pues, que estaba enfermo, *se quedó dos días más en el lugar donde estaba*» (Juan 11:6).

Lo que María y Marta aún no sabían, pero que estaban a punto de enterarse, era esto: No importa cuánto tiempo tengas que esperar, Jesús nunca llega tarde.

Dios es glorificado

Dos días después, Jesús recibió la noticia: Lázaro estaba muerto.

A estas alturas es probable que hasta los discípulos estuvieran un poco irritados. Pensarían para sí: *Jesús, tienes algunas explicaciones que ofrecer*. Pero debieron haber escuchado con más cuidado porque cuando su Rabí recibió la noticia, expresó algo curioso:

> Esta enfermedad no es para muerte, sino para la gloria de Dios, para que el Hijo de Dios sea glorificado por ella (Juan 11:4).

Hay cuatro palabras allí que no solo nos dicen por qué Jesús espera, sino que nos informan por qué Él hace *todo* lo que hace. El Señor asevera que la enfermedad de Lázaro «no terminará en muerte» (Juan 11:4, NVI).

Espera un momento, podrías protestar, esa condición *terminó* en muerte. No, la enfermedad de Lázaro *llevó* a la muerte, pero no *terminó* en muerte. *Terminó* en gloria para Dios porque Jesús planeaba resucitar a su hermano adoptivo.

Si eres creyente en Jesucristo, tu vida tampoco va a terminar en muerte. Te *llevará* a la muerte, pero debido a que tienes vida eterna, *terminará* en la gloria de Dios.

Todo lo que Jesús está haciendo en tu vida, no lo hace principalmente para satisfacerte sino para glorificar a Dios. La gloria de Dios es la carta de triunfo en la baraja de la vida, y siempre tendrá más importancia que nuestros deseos, anhelos y preferencias.

La fe se fortalece

Cuando Jesús parece tardar, a menudo reaccionamos del mismo modo que Marta cuando por fin Él llegó: «Señor, si hubieses estado aquí, mi hermano no habría muerto» (Juan 11:21).

¿Cuántas veces le hemos dicho a Jesús: Señor, si hubieras hecho *esto, eso* no habría sucedido? Sabemos que Marta tenía razón. Si Jesús hubiera estado allí, Lázaro no habría muerto. Para cuando Jesús regresó a Judea, Lázaro había estado en una tumba durante cuatro días. Así que todavía hay una pregunta impertinente: ¿por qué la demora?

Esto pudo haber tenido más sentido para la audiencia de Jesús en el siglo I. Había una superstición judía de que cuando alguien moría, su espíritu sobrevolaba sobre su cuerpo hasta tres días antes de partir. Así que la resucitación era posible en ese momento. Solo después del cuarto día, cuando se producía la putrefacción, el espíritu finalmente se iba y la muerte se consideraba irreversible.

Si Jesús hubiera llegado dos días antes y hubiera resucitado a Lázaro, muchas personas habrían dicho: «Lázaro nunca murió. Sabemos cómo funciona esto. No se trata de un milagro».

Pero en este momento que estamos analizando, todos creían que Lázaro se había ido.

El deseo de Jesús era encender fe dentro de los corazones humanos. Él sabía que resucitar a un hombre innegablemente muerto fortalecería la fe de sus amigos.

Preocupación por los corazones humanos

El intercambio entre Jesús y una de las afligidas hermanas de Lázaro continúa cuando Cristo le dice a Marta:

> Yo soy la resurrección y la vida; el que cree en mí, aunque esté muerto, vivirá. Y todo aquel que vive y cree en mí, no morirá eternamente. ¿Crees esto? (Juan 11:25-26).

He aquí otra declaración «Yo soy», y una que habría sorprendido a muchos oyentes del siglo I. La mayoría de judíos ortodoxos creía que iba a haber una resurrección al final de los tiempos, pero Jesús no se refería al futuro sino al presente. Él estaba hablando de ahora mismo, no de más adelante.

Tal declaración es un elemento de cambio porque Jesús nos dice a cada uno de nosotros: «Mientras vivas, yo soy tu vida. Pero cuando mueras, soy tu resurrección. Estaré allí para tu presente, pero también estaré allí para tu futuro. Estoy contigo mientras vivas y estaré contigo cuando mueras».

El problema de Marta se redujo a una sola pregunta inquietante: «¿Crees esto?». La preocupación principal de Jesús no eran los signos vitales de Lázaro; el Señor se encargaría de eso. Su preocupación principal era la vacilante fe de Marta.

Sea lo que sea a lo que te enfrentes, la preocupación principal de Jesús no es hacer que todo sea «mejor», sino el hecho de que confíes en

Él en medio de todo. Sin importar lo mucho que esperes, Jesús nunca llega tarde. Y cuando esperas, suceden milagros.

Oración de esta semana: *Señor, dame paciencia mientras te espero. Llena mi corazón con la certeza de que, a pesar de lo que pueda ver, tú siempre llegas a tiempo.*

Pregunta de esta semana: ¿Puedes confiar en Jesús en medio de cualquier amenaza o sufrimiento que enfrentes?

9

Una calle unidireccional

Pasajes bíblicos de esta semana:

- Juan 14:1-6
- Mateo 11:25-30
- Juan 3:16-21
- Hechos 4:5-12
- 1 Juan 5:9-13

¿Conoces esta calle?

Se trata de la calle más famosa y más fotografiada en Estados Unidos. Solo tiene una cuadra de largo, pero los turistas viajan de todo el mundo para conducir por ella. Quizá no recuerdes el nombre de la calle, pero es probable que la reconozcas en una foto.

Lo empinado de la calle Lombard de San Francisco la hace demasiado peligrosa para que la mayoría de vehículos viaje en ambas direcciones. Por tanto, entre los años 1922 y 1923, parte del camino fue transformado en una especie de montaña rusa con ocho curvas cerradas. Se puede conducir solo cuesta abajo y en zigzag. Lombard es tanto la calle más famosa de nuestra nación como de un solo sentido. A la gente le encanta recorrerla, y nadie se queja de que solo se pueda viajar pendiente abajo.

Existe otro camino unidireccional que podría describirse mejor como *tristemente célebre*. No es empinado sino recto. A diferencia de Lombard, debido a dónde lleva y al nombre que se le ha puesto, es el camino más impopular de una vía en el mundo. El camino es Jesús, y Él afirmó que es el único que lleva a Dios.

Conoces el camino

Durante tres años, los doce escogidos habían seguido a Jesús veinticuatro horas al día los siete días de la semana. Adondequiera que Él iba, ellos lo seguían. Al final de su ministerio terrenal, Jesús les dijo a dónde estaba a punto de ir, pero también les comunicó que ellos aún no podían ir allí. Los discípulos quedaron tanto confundidos como aterrados. El apodado «incrédulo Tomás» preguntó: «Señor, no sabemos a dónde vas; ¿cómo, pues, podemos saber el camino?» (Juan 14:5).

Jesús responde con la declaración más indignante, inapropiada, agresiva y descarada expresada por Él: «Yo soy el camino, y la verdad, y la vida; nadie viene al Padre, sino por mí» (Juan 14:6). Esta afirmación levanta más la presión arterial, enoja a más personas y causa más controversia que todo lo demás que Jesús declaró. Va en contra de lo que la mayoría de habitantes del mundo cree. *Solo veinticinco por ciento de la población mundial afirma ser cristiana. Por consiguiente, ¿quién es esta minoría para estar diciéndole a la mayoría que está equivocada y que está perdida?*

He aquí la buena noticia: No soy *yo*. No eres *tú*. No somos *nosotros*. Aquel que hace esa declaración atrevida, audaz, dogmática, exclusiva, intransigente, inflexible y sin complejo alguno es Jesús. Él pinta el blanco sobre su propia espalda.

La religión no es el camino que lleva a Dios

Una de las dos formas predominantes de ver la vida, que dominan el pensamiento del siglo XXI, en cuanto a Dios y cómo llegar a Él es que la *religión* puede llevarte a Dios. No una religión particular, *cualquiera* lo hará.

Para comenzar, ¿cómo entonces explicar que Jesús se molestara incluso en venir a la tierra o morir en la cruz? Si cualquier religión funcionara tan bien como la siguiente, el Viernes Santo se convertiría en Viernes *Tonto*. ¿Por qué un Dios amoroso permitiría que su Hijo experimentara una ejecución brutal si no fuera necesaria? Precisamente porque Jesús murió por los pecados del mundo y fue resucitado de los muertos, sabemos que la religión no es el camino a Dios.

Un pastor llevó a una pelea de boxeo de pesos pesados a un hombre que le gustaba boxear pero que para nada era religioso. Antes de la pelea, uno de los boxeadores se arrodilló en el cuadrilátero e hizo la señal de la cruz. Entonces el hombre miró al pastor.

—Predicador, ¿qué significa eso? —le preguntó.

—No significa nada si no sabe boxear —contestó el pastor.

No importa cuán religioso seas si no estás en el camino unidireccional llamado «Jesús».

La justicia no es el camino a Dios

La segunda forma predominante de ver la vida hoy día es que la *justicia* te llevará a Dios, que podrás lograrlo siendo buena persona y haciendo lo mejor que puedas.

A lo largo de los años he preguntado a miles de personas: «Si te presentaras ante Dios y Él te preguntara: "¿Por qué debería dejarte entrar al cielo?", ¿qué le responderías?». Tal vez esta sea una manera anticuada de hacer la pregunta, pero las respuestas que he recibido revelan algo universal:

- «Siempre he tratado de ser una buena persona».
- «Nunca he [inserta aquí un abominable pecado]».
- «Intento llevar una buena vida».

Al reflexionar en esas respuestas me doy cuenta de que muchas personas creen que llegar a Dios es como ir a la gran ferretería. Casi todos los que están comprando allí tienen un proyecto que están tratando de hacer por su cuenta. Quieren demolerlo ellos mismos, repararlo ellos mismos y construirlo ellos mismos.

Esta gente cree que tienes que construir tu propia carretera hasta Dios. *Puedo hacer esto yo mismo. Puedo ser suficientemente bueno. Puedo ser bastante agradable. Puedo dar mucho. Puedo trabajar muy duro.* Y la construcción empieza.

Pero Jesús nos dice que el camino a Dios es una *carretera sin peajes*. No hay que pagar para entrar en ella, y esta carretera ya está construida y pagada. Cualquiera puede entrar en cualquier momento que quiera.

Solo una relación nos llevará a Dios

Jesús declaró: «Nadie viene al Padre, sino por mí» (Juan 14:6). Si Él está diciendo la verdad, no todos los caminos llevan a Dios. Además, si Jesús fue quien afirmó ser e hizo lo que dijo que haría, su afirmación tiene que ser verdadera.

Entre la especie humana y Dios hay una barrera que se llama pecado. Si hemos de ser reconciliados con un Dios perfecto, es necesario tratar con ese obstáculo. No podemos rodearlo ni saltarlo. El pecado exige un pago. Jesús vino específicamente a hacer ese pago. Llevó una vida perfecta y tuvo una muerte expiatoria para pagar por todo lo que hemos hecho mal en el pasado, presente y futuro.

Si tu casa está en llamas, es mejor que llames a un bombero y no a un policía. Si te rompes una pierna, es mejor que llames a un médico y no a un bombero. Si han entrado a tu casa, es mejor que llames a un policía y no a un médico. Si estás ahogándote, es mejor que llames a un salvavidas y no a un plomero. Si siendo un ser humano pecador quieres ir a un Dios justo, es mejor que te pongas en contacto con el Salvador, porque Él es el único que puede ayudarte.

Esto distingue a Jesús de cualquier otro personaje espiritual que haya vivido. Él no solo dijo: «Ven a mí, y te mostraré el camino». Jesús afirmó: «Yo *soy* el camino».

Oración de esta semana: *Señor, creo que eres el camino. Dame valor y audacia para invitar a otros a que encuentren vida solo en ti.*

Pregunta de esta semana: Si vivieras como si Jesús fuera el único camino, ¿qué cambiaría en tu vida?

10

La raíz del fruto

Los dejaron atrás

Cuando mis dos hijos mayores eran pequeños, mis padres nos visitaban dos o tres veces al año. Me gustaba reunir a tres generaciones en un lugar para tener momentos de esparcimiento y comida. Pero una visita me quedó grabada para siempre en la mente.

Siempre que papá y mamá nos visitaban, mi hijo mayor James dormía con mi madre, y mi hijo del medio Jonathan dormía con mi padre. Tarde en la noche, yo podía oír a mis padres contándoles historias mientras ellos entraban al mundo de los sueños. Algunas de las fotos más preciosas que poseo fueron tomadas de mis hijos durmiendo con sus abuelos.

Cuando llegaba el día final, papá y mamá se escabullían temprano en la mañana para no ocasionar una escena. Pero en este viaje, Jonathan se despertó y notó que mi papá no estaba en la cama. Corrió al garaje justo cuando estaban a punto de irse y gritó con todas sus fuerzas: «¡No me dejes, abuelo! ¡Por favor, no me dejes, abuelo!».

Una mirada de sufrimiento cubrió el rostro de mi padre mientras su auto desaparecía en el horizonte. Cuando mis padres llegaron a casa, papá llamó y manifestó: «Hijo, simplemente debes estar preparado para algo. Nunca volveré a permitir que eso ocurra de nuevo. La próxima vez, voy a traer a esos chicos a casa conmigo».

Nuestro Padre celestial nos ama mucho más de lo que papá y mamá amaban a mis hijos. ¿Por qué entonces nos deja aquí si quiere estar con nosotros con tanta desesperación? O de manera más general: «¿Cuál es nuestro propósito para estar en la tierra?».

La respuesta resulta ser tan sencilla como la jardinería.

Portadores de fruto

Jesús se compara con la vegetación:

> Yo soy la vid verdadera, y mi Padre es el labrador. Toda rama que en mí no da fruto, la corta; pero toda rama que da fruto la poda para que dé más fruto todavía (Juan 15:1-2, NVI).

Lo más probable es que Jesús acababa de salir del lugar donde había comido la Última Cena con sus discípulos. Se dirigía hacia el huerto de Getsemaní, un paisaje lleno de viñedos. Cultivadas de forma apropiada, estas viñas producían uvas que se usaban para fabricar vino.

En la enseñanza de Jesús, Dios es el labrador, Jesús es la viña y nosotros somos las ramas. La única preocupación del labrador es la rama. Él desea que la rama lleve el fruto que produce la viña, lo cual significa que el fruto aquí es el carácter de Cristo.

¿Con qué propósito ha puesto Dios a su pueblo en este planeta? Jesús dice: *para dar fruto.*

Una señal segura de que estás siguiendo a Jesús es que tu vida esté llevando fruto que otros puedan ver, saborear y tocar. Cuando estás conectado con la raíz de Cristo, llevarás el fruto de Cristo.

Jesús quiere relacionarse personalmente contigo

La imagen de Jesús acerca de la viña ilustra la conexión íntima que Él desea tener con sus seguidores. Esta enseñanza separa al cristianismo de las demás religiones. Ninguna otra fe ofrece a sus seguidores una unión personal con su fundador. Los budistas no pretenden estar unidos con Buda. Los confucionistas no pretenden estar unidos con Confucio. Los musulmanes no pretenden estar unidos con Mahoma. Pero los cristianos afirman estar conectados, o unidos, a Jesús.

Este es un punto de confusión para muchos fuera de la fe cristiana. Confunden religión con relación. Creen que los cristianos están siguiendo a un hombre muerto en lugar de estar relacionados con un Dios vivo. Seguir a Jesús no es solo una conexión *organizacional* con una iglesia, sino una conexión *orgánica* con Cristo. Algunos han hecho lo primero en vez de lo último, y luego se preguntan por qué su fe es improductiva y sin vida.

Fuimos creados para estar orgánicamente unidos a la vida de Cristo, tal como las ramas están conectadas a una viña.

Jesús quiere que te concentres perpetuamente en Él

Cuando Jesús enseña que Dios es un labrador, nos recuerda que Dios se preocupa por nosotros y quiere que seamos fructíferos. Cuando Jesús se llama la vid, nos dice cómo debe ser el fruto. El fruto siempre refleja el carácter de su fuente. Un manzano siempre produce manzanas. Un peral siempre produce peras. Nunca plantarás una vid que produzca tomates. Del mismo modo, los seguidores de Jesús deben producir el carácter del Cristo al que están conectados.

Desde luego, la principal preocupación del labrador para la rama no es solo que dé fruto, sino que dé *más fruto todavía*. Jesús habla de una progresión en este asunto de dar fruto.

Según Jesús, algunas ramas no dan fruto. Otras dan algún fruto. Algunas dan más fruto. Y entonces hay ramas que dan *mucho* fruto. Jesús está diciendo: «Conéctate conmigo y produciré abundancia de fruto en tu vida».

Finalmente, Jesús habla de una rama que lleva el mejor fruto.

> No me elegisteis vosotros a mí, sino que yo os elegí a vosotros, y os he puesto para que vayáis y llevéis fruto, y vuestro fruto permanezca; para que todo lo que pidiereis al Padre en mi nombre, él os lo dé (Juan 15:16).

¡Este es el fruto que perdura! Este es el fruto que no se pudre. Simplemente sigue madurando.

Si quieres dar el fruto de Cristo, tienes que conectarte y concentrarte en Cristo.

Un podador diligente

A veces las ramas tienen retoños chupones, los cuales son pequeños brotes que emergen de donde la viña y la rama se intersectan. Estos chupan la savia de la viña que debería ir a la rama. Si los retoños chupones no se podan, la rama queda desnutrida.

Dios utiliza a menudo las tijeras de las circunstancias: los tiempos difíciles, el dolor de cabeza, la dificultad, la pérdida de un trabajo o una dolencia física para podarnos. Aunque no nos demos cuenta, Él está recortando de nuestras vidas aquellos retoños chupones que están drenando la savia de la viña e impidiendo que demos fruto.

Otras veces, Dios usa las tijeras de las Escrituras. Jesús anuncia: «Ya vosotros estáis limpios por la palabra que os he hablado» (Juan 15:3). La palabra para «limpios» es la misma para «poda». A menudo lees tu Biblia y esta te condena sin que sepas por qué. Dios está cortando lo malo para que no se interponga en el camino de lo bueno.

La poda es dolorosa, pues lastima y corta.

Sin embargo, el labrador poda porque considera importante a la rama y quiere maximizar su fecundidad. La mano del labrador nunca está más cerca de la rama que cuando está podando.

Oración de esta semana: *Señor, ayúdame a reconocerte como el Maestro labrador que cuida mi alma.*

Pregunta de esta semana: ¿Cómo te ha podado Dios con amor durante tiempos difíciles de tu vida para hacerte más semejante a Jesús?

Jesús, el hacedor de milagros

Jesús fue el más grande obrador de portentos que ha vivido. Calmó un mar azotado por una frenética tormenta. Caminó sobre agua y transformó agua en vino. Alimentó a miles de personas con el equivalente de una sola comida, y nunca encontró una enfermedad que no pudiera curar. No obstante, tales milagros son más que "trucos mágicos". Revelan verdades sorprendentes respecto a quién es Jesús, y lecciones espirituales acerca de cómo conocerlo y relacionarnos con Él.

11

Maravillas de un hombre

Pasajes bíblicos de esta semana:

- Mateo 15:29-31
- Marcos 2:8-12
- Juan 14:8-14

- Mateo 7:21-23
- Juan 10:22-39

¿Crees?

Quedaban 2,5 segundos en el reloj y el comentador olímpico de hockey Al Michaels grita: «¿Crees en los milagros?».

El increíble giro (el equipo de hockey de Estados Unidos venció a Rusia y ganó la medalla de oro en los Juegos Olímpicos de Invierno de 1980) estuvo tan cerca de un milagro en el mundo deportivo como puedes ver. Sin embargo, es evidente que en realidad no ocurrió un milagro.

He aquí mi definición práctica para «milagros»: *Actos de Dios que usan o exceden las leyes de la naturaleza para realizar hazañas humanamente imposibles, con el fin de revelar el poder de Dios y glorificarlo.*

Un milagro admite que Dios *puede* realizar milagros y que también los *hace.*

El Instituto Smithsoniano en Washington exhibe un libro empastado en cuero llamado la Biblia de Jefferson. Esta obra encuadernada fue la versión de la Biblia que el tercer presidente leyó todos los días hasta su muerte. Utilizando una navaja de afeitar, Jefferson había cortado y pegado versículos seleccionados de los cuatro Evangelios en orden cronológico, quitando toda referencia a un milagro hallada en cualquiera de ellos. Este es un evangelio que excluye los dos milagros centrales del cristianismo: la encarnación y la resurrección. Por tanto, Jefferson rechazó tanto al Dios que realiza milagros como a los milagros realizados por Dios.

Sin embargo, Jesucristo se define por lo milagroso: desde su nacimiento virginal hasta su vida sin pecado y su resurrección. Dos de los
cuatro Evangelios comienzan con un milagro que C. S. Lewis llamó el
«gran milagro»: la encarnación de Jesucristo, Dios hecho hombre. Si
crees en la encarnación, no tienes problema para creer en los milagros.
Y si crees en los milagros, estás un paso más cerca de comprender por
completo a Aquel que cambió todo.

Abre la mente a los milagros

La Biblia *empieza* con un milagro: Dios creó el mundo con su
palabra. Sin que importe cómo interpretes la historia de Génesis, algo
fue creado de la nada. ¡Ese es un milagro!

Con frecuencia la gente comenta: «La Biblia no es un libro de
ciencia. Los milagros no tienen nada que ver con la ciencia. Por eso
es irrelevante lo que la Biblia dice, ya que trata solo con historia y
teología». Pero la ciencia, la historia o la teología no se pueden separar
completamente.

Tomemos, por ejemplo, el milagro central de la fe cristiana, que es
la resurrección de Jesucristo. ¿Es esta resurrección una verdad teológica,
una histórica o una científica? La respuesta a esta pregunta es un sí a
todo. Científicamente, un cuerpo resucitado tiene que ver con anatomía,
biología, física y química. Históricamente, es probable que haya más
prueba de que esto sucedió que de cualquier otro milagro en la historia
del mundo. Teológicamente, es la base de la fe cristiana.

Si aceptas la Biblia como un libro históricamente confiable, sin
hablar de la Palabra de Dios, no importa lo que las demás personas
crean. Es abrumadora la evidencia de los milagros, particularmente en
la vida de Jesús.

Los milagros de Jesús autenticaron su misión

El primer propósito de los milagros es la *autenticación*. Jesús realizó
milagros para autenticar lo que decía y quién era. Uno de los términos
más populares utilizado para milagros en los Evangelios es la palabra
señal. Una señal indica que hay algo más. Los milagros de Jesús fueron
señales que indicaban la realidad de que Él era Dios y que lo que decía
era cierto.

Hay una historia en los Evangelios acerca de cuatro hombres que bajaron a un paralítico por el techo de una casa a fin de que Jesús lo curara. Cuando llevaron al hombre hasta Jesús, lo primero que el Señor le dijo fue: «Hijo, tus pecados te son perdonados». Los escribas que estaban allí se pusieron furiosos, pensando: «*¿Por qué habla éste así? Blasfemias dice. ¿Quién puede perdonar pecados, sino sólo Dios?*». Jesús, sabiendo lo que estaban pensando, contestó: «¿Qué es más fácil, decir al paralítico: Tus pecados te son perdonados, o decirle: Levántate, toma tu lecho y anda?» (Marcos 2:5-9).

Todos los presentes sabían la respuesta a la pregunta de Jesús. Obviamente es más fácil declarar perdón de pecados. Nadie puede probar que esto sucedió o no. Pero a continuación Jesús curó al paralítico, quien por primera vez se fue caminando a casa. El milagro autenticó que Jesús estaba en una misión mesiánica para perdonar a pecadores.

Los milagros de Jesús revelan quién es

El segundo propósito de los milagros es la *revelación*. Las afirmaciones de Jesús acerca de su deidad enfurecieron a los líderes religiosos y finalmente estos lo crucificaron. Según explica Juan, casi lo matan *antes* de la cruz (Juan 10:22-39). Los judíos estaban preparados para matarlo a pedradas después que Él declarara: «Yo y el Padre uno somos» (v. 30). Esto era blasfemia para cualquier judío.

Sin embargo, Jesús protesta insistiendo que solo estaba haciendo la obra de su Padre. Básicamente afirma: «Miren, si no quieren creer lo que digo, está bien. Pero al menos crean lo que hago. Si no quieren creer en mis *palabras,* al menos crean en mis *obras*».

Leí una historia verídica acerca de Paul Doré, un brillante artista francés del siglo XIX, quien perdió su pasaporte en otro país. Cuando llegó a la frontera, le explicó su problema al funcionario de inmigración y le declaró quién era. El funcionario le entregó papel y lápiz a Doré y le dijo: «Haga un dibujo de París con la torre Eiffel en el fondo». A los pocos minutos, el artista produjo una réplica exacta de la ciudad y convenció al funcionario de que se trataba de quien afirmaba ser solo por lo que dibujó.

Para eso fueron exactamente los milagros de Jesús: para revelar que Él era quien afirmaba ser, el unigénito Hijo de Dios.

Los milagros de Jesús glorifican al Padre

El tercer propósito de los milagros es la *glorificación*. Después que Jesús curó en cuerpo y espíritu a ese paralítico, Mateo atestigua: «La gente, al verlo, se maravilló y glorificó a Dios, que había dado tal potestad a los hombres» (Mateo 9:8).

El propósito final de todo lo que Jesús dijo e hizo fue para glorificar a su Padre. Si un milagro le da o no la gloria a Dios, te ayudará a discernir la diferencia entre los milagros y la magia negra, entre las exhibiciones verdaderas y falsas de poder sobrenatural. Jesús hizo esta advertencia:

> Muchos me dirán en aquel día: Señor, Señor, ¿no profetizamos en tu nombre, y en tu nombre echamos fuera demonios, y en tu nombre hicimos muchos milagros? Y entonces les declararé: Nunca os conocí; apartaos de mí, hacedores de maldad (Mateo 7:22-23).

Jesús formula dos advertencias sobre los milagros. En primer lugar, afirmó que un milagro no siempre es necesariamente de parte de Dios, incluso cuando lo realiza alguien que llama «Señor» a Jesús. *El mensaje siempre supera al milagro*. Si alguien realiza un milagro, pero al mismo tiempo está enseñando cosas no bíblicas, olvídate del milagro y del obrador de milagros.

En segundo lugar, un milagro no necesariamente viene de Dios solo porque ayude a la gente. En realidad, hay quienes expulsan demonios aparte del poder de Cristo; hacen buenas obras y sus milagros ayudan a los afligidos, sin que todas estas cosas vengan de parte de Dios.

Los dos primeros propósitos de por qué Jesús realizó milagros, autenticación y revelación, ya no son necesarios. Para esto tenemos la Palabra de Dios. Sin embargo, Dios a menudo sigue obrando milagros para glorificación, razón por la que debemos esperar que Jesús obre maravillas en nuestras vidas. Porque Dios, porque Jesús, siempre ha estado y siempre estará en el asunto de glorificar.

Según Al Michaels preguntara una vez: «¿Crees en los milagros?». De ser así, espera que Jesús aún pueda y quiera realizarlos en tu vida.

Oración de esta semana: *Señor, a causa de los milagros que has obrado en el pasado, creo que eres quien dices ser. Glorifícate hoy por medio de mí.*

Pregunta de esta semana: ¿Crees en los milagros?

12

Administrador de crisis

Estrenos espectaculares (y poco espectaculares)

El 23 de abril de 1952, Hoyt Wilhelm, el más grande lanzador de curvas en el juego del béisbol, llegó al *home* por primera vez en su carrera en las Grandes Ligas. En el primer lanzamiento que alguna vez hubiera hecho bateó un jonrón sobre la valla derecha del campo. ¿Por qué esto fue tan extraordinario? A pesar de que jugó veintiuna temporadas, Hoyt Wilhelm nunca más volvió a batear un jonrón.

No podría escribirse mejor este tipo de estreno.

Pero el estreno más interesante y desconcertante con que me he topado fue el de Jesús a inicios de su ministerio público.

Digamos que a tu empresa de relaciones públicas se le ha encargado la planificación de la entrada de Jesús en el ministerio terrenal. Tú y tu personal directivo se reúnen en la sala de juntas y deciden que la mejor manera de hacerlo es que Jesús realice un milagro. Empiezan a surgir ideas.

—Pidámosle que resucite a alguien de los muertos —sugiere uno.

—No. Hagamos que alimente a miles de personas con una sola ración —propone otro.

—¿Y si lo hacemos caminar sobre el agua? —indica un tercero.

Todos están de acuerdo en que debería tratarse de algo espectacular.

Sin embargo, el primer milagro de Jesús es probablemente el más sencillo y menos espectacular que alguna vez realizó. Él y sus discípulos están en una boda cuando al anfitrión se le acaba el vino. Todas las tiendas están cerradas y la madre de Jesús le pide ayuda. Así que Jesús transforma seis enormes tinajas de agua en vino (Juan 2:1-11). Eso es. Ese es el debut. Ese es el primer bateo en el plato.

Un tremendo milagro

Sin embargo, este milagro *fue* grande porque señala algo importante.

Ese día, los anfitriones y los invitados estaban en una situación desesperada. Habrá ocasiones en tu vida, podría estar pasándote ahora, en que también estés pasando lo mismo. Tienes un problema que no puedes resolver. Estás en una crisis que no puedes manejar. Te encuentras en un hoyo del que no puedes salir. Estás en un callejón sin salida. Te ves en una situación desesperada. *Pero nuestros problemas son las posibilidades de Jesús.*

Este simple milagro nos enseña una lección profunda sobre qué hacer cuando estamos desesperados:

- Recurrir a Jesús cuando enfrentamos problemas.
- Hablar con Jesús acerca de nuestros problemas.
- Confiar en que Jesús maneje nuestros problemas.

La próxima vez que aparezca una crisis inesperada (y seguro que vendrá), la próxima vez que la vida vaya hacia el sur cuando estás conduciendo hacia el norte, recuerda una boda, una mujer, agua y vino, y podrías experimentar algo sobrenatural en tu vida.

Recurre a Jesús cuando enfrentes problemas

El problema del anfitrión era que el vino se había terminado. En esa época, el vino en una boda era como el pastel hoy día. ¿Te imaginas asistir a una boda donde se hayan olvidado del pastel?

Al igual que este, la mayoría de los problemas que enfrenta cada uno de nosotros a diario no son situaciones de vida o muerte. Perder el trabajo o las llaves del auto no son lo mismo que perder la vida, aunque son problemas reales. Enfrentar una demanda o incluso la cárcel no es lo mismo que enfrentar la muerte, aunque siguen siendo problemas reales. Los problemas que enfrentas no son tan importantes como la forma en que los enfrentas.

María responde de la manera que deberíamos hacer siempre que enfrentamos una situación preocupante: se volvió a Jesús. Ella no pulsa el botón de pánico. La presión sanguínea de María no se le sube ni comienza a arrancarse los cabellos. Al contrario, recurre a Jesús y le habla del problema.

Jesús quiere oír que le hablemos de lo que nos aflige y nos acosa. Podrías pensar: *Pero Él ya sabe cuáles son mis problemas*. Esto es cierto, pero Jesús quiere que de todos modos le digas esos problemas.

Cuéntale tus problemas a Jesús

No había un acontecimiento social más importante en la vida judía que una boda. Por lo general comenzaba con una ceremonia al atardecer en la sinagoga. Luego todo el séquito nupcial salía de la sinagoga y empezaba esta larga procesión con lámparas encendidas en medio del pueblo. La pareja recorría con su escolta por tantas casas como fuera posible para que todos salieran a felicitarlos. Después de la procesión, la pareja no se iba de luna de miel; se les traía la luna de miel. ¡Se iban a casa para una fiesta que duraba varios días!

Había entrega de regalos, discursos, vino y cena. La hospitalidad en una boda se consideraba un deber tan sagrado, que en realidad al maestresala podían demandarlo por «violación de hospitalidad». Por tanto, que se acabara la comida o el vino se consideraba un tremendo agravio.

María hace la llamada de emergencia a Jesús porque sabe que *lo que nos importa le importa a Jesús*.

Creemos que a Jesús le importan asuntos grandes como un cáncer, una bancarrota, un divorcio o una muerte. Pero también le preocupan los jefes malhumorados, las llantas desinfladas, los perros perdidos, los platos rotos, los vuelos retrasados, los dolores de muelas y las roturas de discos.

La Biblia afirma: «Depositen en él *toda* ansiedad, porque él cuida de ustedes» (1 Pedro 5:7, NVI).

Lo que nos preocupa le preocupa a Jesús.

Confía en que Jesús maneje tus problemas

María dio instrucciones a los criados: «Haced todo lo que os dijere» (Juan 2:5).

¡Qué gran consejo! Jesús nunca encontró un problema que no pudiera solucionar si la persona afligida tan solo hacía lo que Él le decía. Muchos de nosotros sabemos lo que Jesús quiere que hagamos, pero nos negamos a hacerlo. Él afirmó: «Si sabéis estas cosas, bienaventurados seréis si las hiciereis» (Juan 13:17).

A menudo suponemos que la obediencia sigue a la bendición. Y a veces es así. Cuando Dios nos da algo, debemos responder al instante con reverencia. Pero en esta historia, el agua no fue transformada hasta que las tinajas estuvieron llenas hasta el borde, tal como Jesús pidió. Con frecuencia, la bendición sigue a la obediencia.

Jesús pide a los criados que saquen un poco del agua y se la lleven al maestresala para que la pruebe. Esas tinajas normalmente contenían agua que se usaba para lavar manos sucias, no vino para una boda. Estos hombres pudieron haber sido enviados a la cárcel por un acto tan deshonroso. Pero de todos modos obedecieron.

Esa obediencia *a* Jesús llevó a la gran bendición *de* Jesús. Así sucede con nuestras vidas.

Oración de esta semana: *Señor, te agradezco que pueda confiarte cualquier problema en mi vida, sabiendo que lo manejarás. Enséñame a confiar más en ti.*

Pregunta de esta semana: ¿Qué problema debes entregar al cuidado de Jesús?

13

Capitán de mi nave

Pasajes bíblicos de esta semana:

- Marcos 4:35-40
- Salmos 107:23-32
- Proverbios 3:5-6
- Salmos 31:1-24
- Juan 14:25-27

Aguas turbulentas

Cada vez que mi esposa y yo visitamos la Tierra Santa damos un paseo en barca a través del mar de Galilea hasta Capernaum. Esta antigua ciudad contiene las ruinas de una sinagoga donde Jesús literalmente enseñó. Y sin embargo el viaje que siempre ha sido muy tranquilo, en una ocasión me dio una sacudida que nunca olvidaré.

Montañas llenas de profundas barrancas rodean el mar de Galilea. Tales desfiladeros sirven como enormes embudos que traen aire frío de las montañas y chocan con el aire caliente sobre el agua. La colisión, como aprendí de mala manera, puede producir una tormenta en un instante.

Durante un viaje estábamos a medio camino cruzando el lago cuando el cielo se volvió negro y el viento azotó con fuerza. Comenzó a llover... una gota y después miles. La barca comenzó a balancearse y las olas a golpear. En ese momento logré comprender cómo debieron haberse sentido los discípulos cuando les ocurrió lo mismo.

Cuando llegamos al otro lado, yo quería besar la orilla. Después que desapareció la agitación, me di cuenta de que mi experiencia es la forma en que a veces funciona la vida.

- Vuelves a casa del trabajo, entras a la cocina y encuentras una nota que dice: «Quiero divorciarme». ¡Indicio de tormenta!

- Vas al médico con la expectativa de un chequeo normal, llegan los análisis del laboratorio y resulta que tienes cáncer. ¡El viento aúlla!

- Te acuestas tranquilo, solo para que te despierte una llamada telefónica a las tres de la mañana en que te informan que tu padre murió repentinamente de un ataque cardíaco. ¡Tu barca por poco se vuelca!

Lo único previsible en cuanto a las tormentas de la vida es que son imprevisibles. Llegan cuando menos las esperas. Jesús sabía esto, así que en una ocasión hizo un milagro para enseñarnos a capear las tormentas.

Jesús desea que recordemos sus promesas

En las márgenes del Mar de Galilea, Jesús invitó a sus discípulos: «Pasemos al otro lado» (Marcos 4:35).

Los discípulos deberían haber sabido que cuando Jesús subió a la barca, esta se volvió insumergible, porque de manera implícita en las palabras del Señor está la promesa de que llegarían a salvo.

Sin embargo, al igual que los discípulos, hay una diferencia entre oír una promesa y creerla. Nosotros tampoco creemos que Jesús hará lo que nos ha prometido. En esos momentos debemos recordarnos que el sol puede dejar de brillar, que el viento puede comenzar a azotar y que las olas pueden empezar a golpear, pero Jesús nunca deja de cumplir sus promesas.

Cuando Tiger Woods tenía cinco años, le pidió a su padre que le comprara un triciclo. Earl Woods le prometió a su hijo que lo iba a pensar. Cada día Tiger pedía el triciclo y Earl contestaba que seguía pensándolo. Después de algunos meses, Earl finalmente le dijo a Tiger: «Está bien, te prometo que te conseguiré ese triciclo».

El padre se quedó asombrado por la reacción de Tiger, quien no saltó de alegría ni una sola vez. No le pidió a su padre que lo comprara de inmediato. El viejo Woods expresó: «No obtuve absolutamente ninguna reacción». Entonces se le ocurrió: «Tiger me creyó cuando le hice una promesa».

Así es como Jesús quiere que le respondamos. Con confianza y obediencia. El momento que Jesús hizo esa promesa, todos los discípulos pudieron haberse quedado dormidos. Todos pudieron haberse sentado en esa cubierta, haber tomado sol y leído un buen libro en su pantalla portátil, porque tenían la promesa de Jesús. Y tú siempre puedes contar con Él.

Jesús quiere que descansemos en su presencia

Mientras los discípulos están navegando, sopla una tormenta huracanada. No se trató de una lluvia primaveral, de un chaparrón o tal vez de un fuerte aguacero. En el relato que Mateo hace de este acontecimiento, la palabra griega que utiliza para describir la tormenta es *seismos*, una expresión usada en otras partes del Nuevo Testamento para describir terremotos violentos, tales como los que ocurrieron en la muerte de Jesús y luego otra vez en su resurrección. Esta era la clase de tempestad que podía haberles hecho añicos la barca.

Cuando vienen las tormentas, podemos suponer que son el resultado de algo que hemos hecho mal o que estamos fuera de la voluntad de Dios. Pensamos: *Tal vez desobedecí a Dios y lo hice enojar.*

Pero los discípulos no estaban en la tormenta a causa de desobediencia, sino más bien debido a la *obediencia*. No habían hecho algo malo sino algo bueno. No habían dado un paso en falso; al contrario, anduvieron exactamente por donde Jesús les pidió.

Incluso si llevas la vida más santa posible y te enamoras profundamente de Jesús, enfrentarás tormentas. Muchas veces estos chubascos llegan cuando estamos más cerca de Jesús, como los discípulos estaban a punto de aprender.

Jesús quiere que confiemos en su poder

Jesús despertó porque los discípulos estaban en medio de la crisis, rogándole que salvara sus vidas. Así que Jesús se escurrió del cojín sobre el que dormía, se metió en el caos y le dijo al mar: «Calla, enmudece» (Marcos 4:39). Al instante, el agua quedó más suave que la seda.

Las palabras de Jesús aquí, «Calla, enmudece», literalmente significan eso. Él le estaba diciendo a la tempestad: «¡Siéntate en silencio!». Como si se le tapara el hocico a un perro ladrando, emergió silencio.

En esta historia, Jesús no evita que la tormenta dé contra la barca, pero sí evitó que la *hundiera*. Cuando Jesús dijo a esos discípulos que irían al otro lado, no prometió una travesía suave. Solamente garantizó una llegada segura.

Debes enfrentar las dificultades de tu vida con temor o con fe. ¿Cuál es la diferencia? El temor se enfoca en la tormenta. La fe se enfoca en el Salvador.

Podría parecer chocante, pero *necesitamos tormentas*. Cristo permite que arremetamos contra ellas para que recordemos sus promesas, reposemos en su presencia y confiemos en su poder.

No sé qué tormenta estás enfrentando ahora mismo, de qué tormenta vas a salir, o hacia qué tormenta estás dirigiéndote. Pero Jesús quiere que vuelvas tu rostro hacia Él y recuerdes que no es necesario temer cuando el Señor está cerca. Por eso es que Él quiere ser el Capitán de la barca de tu vida.

El lugar seguro

La popa en una barca de pesca era el único lugar para esconderse del clima y el único lugar con suficiente espacio y protección para dormir. Era cerrada y la única parte protegida de la barca.

Jesús se había escurrido hacia la popa y Marcos observa que incluso había llevado un cojín. ¿Por qué añade Marcos ese detalle particular? Porque Jesús no se quedó dormido por accidente. ¡Esta fue una siesta premeditada!

Cuando se presenta la tormenta, Jesús está en paz mientras los discípulos están descontrolados. Él recordó lo que ellos habían olvidado: que estaban exactamente donde Dios quería que estuvieran. Así como Jesús estaba con los discípulos, también Dios estaba con Él.

En cada tormenta que atraviesas siempre tienes la presencia, el poder y las promesas de Cristo. Quizá no siempre estés consciente de Jesús, pero Él está allí igual que siempre. Para esos discípulos, el lugar más seguro en el mundo en ese preciso momento estaba exactamente en esa barca. Porque seguridad no es la ausencia de problemas. Seguridad es la presencia de Jesús.

Siempre que veas una tormenta, ¡recuerda que no tienes que temer cuando Jesús está cerca!

Oración de esta semana: *Señor, creo que no es necesario temer cuando estás cerca. Permanece cerca de mí este día.*

Pregunta de esta semana: ¿Cómo es confiar en Jesús durante la tormenta que estás enfrentando?

14

Un multiplicador milagroso

Pasajes bíblicos de esta semana:

- Juan 6:1-14
- Proverbios 11:24
- Lucas 6:37-38
- Malaquías 3:6-12
- Mateo 25:14-30

La ley de las sobras

La cena del Día de Acción de Gracias es mi favorita del año. No es solamente lo que puedo comer lo que la hace especial, sino también con qué puedo comerla. Todos mis platos favoritos están frente a mí: pavo que cociné junto con el aderezo casero, fascinante suflé de camote de mi esposa, macarrón con queso de mi cuñada, panecillos con levadura, guiso de frijoles tiernos y jamón dulce. Al dirigirme a la mesa, mi familia se reúne conmigo, y todo en el mundo parece estar en orden.

Cada Día de Acción de Gracias trae consigo las dobles promesas de comida y sobras. Estas últimas son una señal de que todos tuvieron todo lo que quisieron, nadie quedó con hambre y hubo suficiente para repetir otra vez. Esta comida de fiesta ilustra un principio que llamo «la ley de las sobras».

Tengo más comida en el Día de Acción de Gracias que en cualquier otra época del año y alimento a más personas. Sin embargo, hasta con veinticinco o treinta personas en nuestra casa, ¡siempre tenemos sobras!

La ley de las sobras se expresa en un antiguo pasaje bíblico escrito hace más de dos mil quinientos años por el hombre más sabio que ha vivido. Salomón declaró la ley de esta manera:

Hay quienes reparten, y les es añadido más; y hay quienes retienen más de lo que es justo, pero vienen a pobreza (Proverbios 11:24).

Según la ley de las sobras, cuando bendigo a otros, recibo la bendición mayor.

Jesús te pide lo que tienes

Uno de los milagros más famosos de Jesús, «la alimentación de los cinco mil», opera en este principio. Se trata del único milagro que todos los evangelistas incluyen: Mateo, Marcos, Lucas y Juan. Es el único momento relatado alguna vez en que Jesús consultó con alguien sobre qué hacer. Y esta alimentación tuvo el público más grande de todos los milagros de Cristo.

Como a las seis de la tarde, Jesús y los discípulos se encuentran en una difícil situación con una multitud en el campo. Una crisis se gesta a medida que el sol se pone: la gente tiene hambre. Jesús le pregunta en voz alta a Felipe dónde comprar pan para todos los presentes.

Sin duda, Felipe se quedó estupefacto. Solamente los hombres allí eran como cinco mil, pero también había mujeres y niños. Al considerar lo grandes que eran las familias antiguas antes de la llegada del control de la natalidad, los eruditos calculan que el gentío pudo haber ascendido a más de veinticinco mil personas.

Sin embargo, en realidad Jesús no está haciéndole una pregunta a Felipe. Estaba probando al discípulo. Juan escribió: «Esto decía para probarle; porque él sabía lo que había de hacer» (Juan 6:6).

Cuando Jesús te pide algo, confía en que no solo se trata de una petición sino de una prueba.

Dale lo que tienes a Jesús

Felipe saca su calculadora y deduce que se necesitarían unos ocho meses de salario de un trabajador promedio para comprar tanta comida. Piensa que está libre de la responsabilidad.

No había un lugar dónde comprar esa cantidad de comida, y si lo hubiera habido, no tendrían dinero suficiente para pagarla ni suficiente tiempo para conseguirla. Felipe especula: *Por primera vez en tu vida, Jesús, ¡te he dejado perplejo!*

El corazón de Jesús se quebranta. Lo que le molestaba no era la falta de comida sino la falta de fe. Felipe no pasa la prueba.

Pero justo cuando parece que todo está perdido, Andrés presenta a un muchacho cuya madre había tenido la suficiente cordura para empacarle una lonchera con algunos panes y unos pocos pescados. La comida del pobre muchacho era más escasa de lo que muchos han imaginado. Un pan era una oblea chica y frágil como del tamaño de un pequeño panqueque. La palabra para pescado se refiere a criaturas marinas como del tamaño de las sardinas.

El muchachito tenía poca comida. Pero lo que convirtió a esa poca comida en un gran festín es lo que el chico hizo cuando Jesús se la pidió.

El muchacho se la entregó.

Jesús utilizará lo que das

Cuando Jesús pide a los discípulos que ordenen a todos que se sienten para cenar, me imagino que unos cuantos querrían llamar a un psiquiatra. Pero entonces Jesús hace algo extravagante. ¡Da gracias! ¿Por qué estaba Jesús agradecido por una pequeña comida que apenas podía alimentar a un niño en medio de una multitud hambrienta?

Así es como Dios actúa: Jesús pide lo que desea. Le damos al Señor lo que pide. Él utiliza lo que entregamos. Hasta las dádivas más pequeñas.

Dios tiene el hábito de usar cosas pequeñas para lograr cosas increíbles: la honda de un pastorcito, el cambio en la cartera de una viuda, una virgen adolescente muy pobre y fe del tamaño de una semillita.

¿Sabes qué es lo que determina el valor de algo? Las manos de Aquel en quien ponemos lo que damos. Puedes comprar en línea una pelota profesional de béisbol como por doce dólares. Si la pones en las manos de un lanzador de las Grandes Ligas, vale millones. De la misma manera, lo que hizo tan valiosa la cena de ese muchachito no fue su tamaño sino la disposición que él tuvo de ofrecérsela a Jesús.

Todo lo que tienes es valioso si estás dispuesto a entregárselo a Cristo.

Jesús bendice lo que usa

Cuando terminaron de comer, quedaron doce cestas de sobras. ¿Puedes imaginar esto? El almuerzo original no llenaba ni una sola canasta y ahora las sobras llenaban una docena. Jesús siempre bendice lo que usa.

Me encanta esta historia acerca de Jesús porque el muchachito en ella somos tú y yo. Todos tenemos almuerzos en nuestra posesión. Todos tenemos talentos, habilidades, tiempo y recursos que a Jesús le gustaría usar.

El niño no declaró: «Señor, puedes tomar *uno* de los pescaditos, pero yo me quedaré con el otro. Toma *tres* de los panes, y me quedaré con los otros dos». Él le entregó a Jesús *todo* lo que le pidió.

Si quieres experimentar la ley de las sobras y ver lo que Jesús añade a lo que resta de ti y luego lo multiplica, tienes que entregarle todo. Cuando lo hagas, descubrirás que otros serán bendecidos y podrás disfrutar de lo que sobra.

Oración de esta semana: *Señor, enséñame a confiarte mi almuerzo, seguro de que proveerás con abundancia y bendecirás a otros por medio de mi ofrenda.*

Pregunta de esta semana: ¿Has dado generosamente a Dios o has estado reteniendo alguna parte?

15

Un líder digno de seguir

Pasajes bíblicos de esta semana:

- Lucas 7:1-10
- Romanos 13:1-7
- Efesios 5:22–6:9
- Hebreos 13:17
- Juan 6:35-40

El líder que sigue

Solo en dos ocasiones la Biblia afirma que Jesús «estaba asombrado» o «se maravilló» de algo; y en un grado u otro, ambas estuvieron relacionadas con el liderazgo.

¿Te consideras un líder?

Todos lo somos en alguna forma. Las madres dirigen hijos. Los esposos dirigen familias. Los gerentes dirigen empleados. Directivos, jefes, directores, presidentes y vicepresidentes dirigen administradores. Si eres un hermano mayor, diriges a tus hermanos menores. Si eres estudiante, algunos de tus compañeros te admiran sea que te des cuenta o no.

Marcos escribe que Jesús «estaba asombrado» de que los habitantes de su pueblo natal no le creyeran (Marcos 6:1-6). No quisieron dejar que Jesús los dirigiera ni que influyera en sus vidas con las buenas nuevas. Jesús se sorprendió de que las personas con las que había crecido, que lo habían conocido toda la vida y lo habían visto de primera mano, no creyeran en Él. No le creyeron ni permitieron que los guiara.

Lucas nos dice que Jesús también «se asombró» por un hombre que *sí* creyó en Él (Lucas 7:1-10, NVI).

Este hombre era un centurión, un oficial de la guardia romana. Particularmente no era religioso. No era un erudito bíblico. Lo que asombró a Jesús en cuanto a este individuo no fue solo *que* creyó en

Él, sino *cómo* creyó. El centurión comprendió un principio clave de la filosofía de liderazgo de Jesús: la manera de dirigir es aprender a seguir.

Bajo autoridad

Este centurión tenía un siervo enfermo. El hombre había oído hablar de Jesús, así que envió a algunos ancianos judíos a pedirle que curara al siervo. Jesús decidió ir con ellos, y cuando se encontraba no muy lejos de la casa, el centurión envió algunos amigos a decirle: «No tienes que ir más allá. Entiendo el liderazgo y comprendo la autoridad. Tú tienes tanto el liderazgo como la autoridad para simplemente dar la orden y mi siervo sanará». El hombre creyó que Jesús podía expresar la orden sin mover un solo músculo y el siervo sanaría.

A fin de demostrar que entendía el paradigma del liderazgo de Jesús, el centurión continuó: «Porque también yo soy hombre puesto bajo autoridad, y tengo soldados bajo mis órdenes; y digo a éste: Vé, y va; y al otro: Ven, y viene; y a mi siervo: Haz esto, y lo hace» (Lucas 7:8). Él quiso decir: «Mira, sé lo que es decirle a una persona que "venga", y viene, y qué es decirle a una persona "anda", y va. Entiendo el liderazgo».

Jerarquía

¿Has pensado alguna vez de dónde viene el término *jerarquía*? Científicos noruegos lo inventaron cuando estudiaban el sistema social del corral. Estos científicos contaron la cantidad de veces que los pollos dan y reciben picotazos, y discernieron una cadena de mando. Las aves «alfa» dan la mayoría de picotazos y las «omega» reciben la mayor parte. El resto de los pollos cae en algún punto intermedio.

Pero Dios ha construido un orden jerárquico para todo en la vida.

Hay una jerarquía entre un gobierno y sus ciudadanos. Romanos 13:1 declara: «Sométase toda persona a las autoridades superiores; porque no hay autoridad sino de parte de Dios, y las que hay, por Dios han sido establecidas». Existe una jerarquía en el hogar. Efesios 5 establece que el esposo debe dirigir a la esposa, y en Efesios 6 se nos dice que los padres deben dirigir a sus hijos.

Desde el momento en que nacimos, la primera lección que Jesús quiso que aprendiéramos no fue cómo dirigir sino cómo seguir. La primera lección que Jesús quiere que aprendas no es cómo estar encima sino cómo estar debajo.

Respeto por el liderazgo

Nadie puede negar que los Estados Unidos ha experimentado una descomposición cultural y moral en los últimos treinta años. Uno de los factores clave es la pérdida de respeto por el liderazgo.

La primera lección que Jesús enseñó a sus discípulos fue: «Venid en pos de mí, y haré que seáis pescadores de hombres» (Marcos 1:17). Jesús estaba diciendo: «Si me permiten enseñarles a seguir, les ayudaré a que aprendan a dirigir». No es coincidencia que la mayoría de sus discípulos se convirtiera en los primeros líderes de la iglesia primitiva. Durante tres años aprendieron a seguir.

Si no aprendes a respetar el liderazgo de otros, entonces otros se negarán a respetar el tuyo.

Por esto es que los padres deben aprender a seguir a Cristo. Muchos niños no siguen el liderazgo de sus padres porque estos no siguen el liderazgo de Cristo. Nunca sabrás cómo dirigir si no aprendes a seguir.

Muchas madres no pueden controlar a sus hijos porque se han negado a seguir el liderazgo de sus esposos.

Muchos adolescentes están deprimidos, tienen problemas en sus relaciones y están frustrados porque no quieren respetar el liderazgo de sus padres. Lo mismo ocurre con los estudiantes y sus maestros, y con los empleados y sus jefes.

Cuando aprendes a reconocer y respetar el liderazgo, cuando sabes cómo seguir, aprendes a dirigir.

Percepción del liderazgo

Cuando Jesús oyó la fe y el entendimiento del centurión, *se maravilló* de él y le sanó al siervo.

¡Asombroso! Jesús pudo realizar para un extranjero gentil milagros que no pudo efectuar por sus amigos judíos y por su familia, todo porque el centurión comprendió cómo recibir el liderazgo de Jesús.

Incluso Jesús siguió el principio de dirigir siendo primero seguidor.

- Jesús siguió a sus padres. Lucas observa que Jesús «estaba sujeto a» sus padres (Lucas 2:51).
- Jesús siguió a su Padre. En Juan 6:38 declaró esto acerca de su

relación con su Padre: «He descendido del cielo, no para hacer mi voluntad, sino la voluntad del que me envió».

- Jesús siguió al Espíritu. Lucas anuncia que Jesús «fue llevado por el Espíritu al desierto» (Lucas 4:1).

De alguna manera hemos tenido la idea de que estar bajo liderazgo nos ata, nos restringe y nos limita. Seguir el liderazgo no es una cadena que te ata; es una llave que te libera.

La iglesia de hoy se revolucionaría si su gente estuviera ansiosa por aprender a seguir. Se revolucionaría si su gente estuviera dispuesta a servir cuando sus líderes lo requirieran, o si diera con alegría y generosidad cuando sus líderes pidieran ayuda.

En cualquier esfera de tu vida, liderar tiene que ver con aprender a seguir el liderazgo y el señorío de Jesucristo, porque Él es el máximo líder.

Oración de esta semana: *Señor, en la esfera de mi vida cotidiana enséñame lo que significa ser un fiel servidor tuyo.*

Pregunta de esta semana: ¿Has aprendido a seguir por lo que has experimentado en tu vida?

16

El gran compasivo

Emoción divina

Pocas cosas me emocionan de veras. Me emociono cuando paso tiempo con mis hijos o tengo una escapada romántica con mi esposa. Me emociono cuando mi nieto y mi nieta me recuerdan que aman a su «Abu». Me emociona que mi equipo de fútbol americano Georgia Bulldogs gane (y cada vez que nuestros rivales pierden). Las galletas caseras de chocolate integran la lista.

¿Qué le emociona a Jesús?

Él nos ofrece algunos consejos en su encuentro con un paralítico. Sea por una caída o porque nació así, este hombre estaba físicamente discapacitado. La palabra griega significa «estar suelto de un costado». Para poder llegar hasta donde Jesús, alguien debía llevarlo.

El día de su mejor oportunidad llegó cuando una multitud se reunió para oír enseñar a Jesús desde el interior de una casa. Ahora el reto se intensificó. Aunque este hombre pudiera *levantarse*, no lograría *entrar*. La casa estaba llena. Había gente atascando las puertas. Niños estaban sentados en las ventanas. Nadie podía moverse. Todos los asientos estaban ocupados y este paralítico no podía ponerse de pie.

Nuestra historia comienza aquí porque en medio de esta escena Jesús se emociona. ¿Por qué? Jesús se emociona cuando ve nuestra fe.

Fe para acercarse a Jesús

Este hombre tenía cuatro amigos que oyeron que el rabino sanador estaba en el pueblo, y decidieron hacer que su amigo se reuniera con el hombre.

> Y como no podían acercarse a él a causa de la multitud, descubrieron el techo de donde estaba, y haciendo una abertura, bajaron el lecho en que yacía el paralítico (Marcos 2:4).

Tienes que admirar la determinación de estos hombres. Aunque no pudieron entrar, su fe no les dejó darse por vencidos. En el siglo I, muchos techos se hacían de ramas secas de palma combinadas con barro que se colocaban a través de vigas, de algún modo como tejas. Hacer un agujero en este tipo de material era bastante fácil. Los hombres subieron por fuera de la casa y abrieron un tragaluz.

Pudieron haber caído y hacerse daño. Su amigo pudo habérseles caído al suelo. Peor aún, iban a interrumpir a Jesús justo en medio de su sermón. Pero nada de esto pareció importarles. Ellos vieron su oportunidad y la tomaron por fe, creyendo que Jesús sanaría a su amigo.

Solo una razón habría motivado a estos hombres a tomarse tantas molestias: creían que Cristo podía curar a su amigo y que lo haría. Pero en lugar de ofrecer curarlo, Jesús declaró algo extraño.

Al ver Jesús la fe de ellos, dijo al paralítico: Hijo, tus pecados te son perdonados (Marcos 2:5).

Los amigos del hombre quedaron perplejos. Y el hombre quizá un poco desilusionado. El dueño de la casa estaba enfadado porque le habían dañado el techo. Y los hipócritas religiosos entre el gentío no se alegraron de que alguien afirmara perdonar pecados. Pero Jesús sonreía ampliamente, porque veía fe verdadera.

Un remedio poco probable

Piensa en esos cuatro amigos sobre el techo. Tienen calor, están sudorosos y lo más probable es que van a enfrentar una demanda. La multitud cree que estos hombres están chiflados. Llevaron a su amigo donde un sanador y, en lugar de eso, hallaron un predicador. O si preguntaras a los fariseos, dirían que se trata de un blasfemo.

¿Y el paralítico? Él está tendido allí pensando: *Grandioso, no puedo caminar, ¿y quieres predicarme? ¿Qué está mal en esta situación?*

Pero Jesús sabía que el problema más grande del hombre no era la enfermedad sino el pecado. Aunque la enfermedad era su inconveniente más *apremiante*, el pecado era su problema *principal*. Aunque el hombre supuso que el regalo más grande que Jesús podía darle era *curarlo*, Jesús sabía que una dádiva mejor era *salvarlo*.

Si quieres saber por qué aparecen células cancerígenas en el cuerpo, por qué mueren bebés, por qué choferes borrachos matan a inocentes, por qué el parto produce dolor o por qué llegan tragedias a dedicados siervos de Dios, tienes que remontarte a los tres primeros capítulos del Génesis. La tristeza, el sufrimiento y la muerte, en última instancia, son todos causados por el pecado.

Esto importa porque si el pecado es nuestro mayor problema, el perdón es nuestra mayor necesidad.

Dios muestra su fidelidad

El hombre de la historia estaba discapacitado, pero principalmente lo imposibilitaba el pecado. Jesús lo amaba demasiado para tratar solo el síntoma y no el problema de fondo. Cada dificultad, cada lucha, cada enfermedad, cada dolor de cabeza, cada sufrimiento que tengas es un recordatorio físico de que tu mayor necesidad es espiritual. La mayor parte de este mundo no entiende esto, y tampoco lo entendía la multitud que rodeaba a Jesús ese día.

> Entonces él se levantó en seguida, y tomando su lecho, salió delante de todos, de manera que todos se asombraron, y glorificaron a Dios, diciendo: Nunca hemos visto tal cosa (Marcos 2:12).

Ellos estaban emocionados con lo físico, pero Jesús estaba emocionado con lo espiritual. Estaban muy emocionados con lo temporal; Jesús estaba completamente emocionado con lo eterno. Ellos estaban bastante emocionados porque este hombre pudo caminar. Jesús estaba totalmente emocionado porque este hombre ahora podía adorar.

Por qué soy cristiano

Por eso es que soy cristiano.

El cristianismo es la única filosofía espiritual que enfoca nuestro mayor problema, el cual es el pecado, y suple nuestra necesidad principal, que es el perdón. Si mis pecados han sido perdonados, si mi lugar está asegurado en el cielo, si ya no tengo que temer a la muerte, puedo enfrentar cualquier otra cosa. Cuando puedo estar delante de un Dios justo y santo y declarar que a causa de la cruz mis pecados son perdonados, Jesús se emociona.

Oración de esta semana: *Señor, creo que puedes usarme para llevar gente ante ti. Úsame esta semana para satisfacer las necesidades más profundas de las personas.*

Pregunta de esta semana: ¿Estás día a día más plenamente consciente de tu necesidad urgente o de tu necesidad primordial?

17

El oculista divino

Pasajes bíblicos de esta semana:

- Juan 9:1-41
- Mateo 4:12-16
- Juan 1:1-18

- Juan 3:16-21
- Hechos 26:12-18

Ceguera espiritual

A Agustín, uno de los padres de la iglesia primitiva, se le acercó una vez un pagano que le mostró su ídolo.

—He aquí mi Dios —le dijo—. ¿Dónde está el tuyo?

—No puedo mostrarte mi Dios, no porque no haya Dios para mostrarte sino porque no tienes ojos para verlo —le contestó Agustín.

En la Biblia leemos acerca de un hombre que era ciego desde que nació. Si en el siglo I hubieras tenido una condición debilitante como ceguera, sordera, lepra, parálisis o alguna otra enfermedad crónica, tu única esperanza habría sido que tus familiares cuidaran de ti. A una persona como esta se le veía como una carga y una maldición.

El hombre que encontramos en Juan 9 entró a un mundo donde habían puesto sobre la luz del sol la cubierta de terciopelo de la oscuridad. El sujeto entró a un mundo en desesperación. Pero este hombre nunca había conocido a Jesús. (En esa época, la mayor parte del mundo no sabía quién era Jesús y nunca antes lo había visto).

Si no tienes a Jesús, estás viviendo en tinieblas espirituales. Podrías tener una visión perfecta, pero espiritualmente ser ciego como un murciélago. La razón es que tienes ojos no solo en la cabeza, sino también en el corazón. Las personas que se niegan a creer en Jesucristo no tienen un problema físico, tienen un problema espiritual.

¿Qué hizo para merecer esto?

Tal como opinaban casi todos los judíos del siglo I, la gente que estaba alrededor del ciego creía que la discapacidad física se debía a *su* pecado o al pecado de *sus* padres. En sus mentes, si estabas discapacitado, no solamente eras incompleto en lo físico, sino que también estabas espiritual y moralmente manchado. Por eso los discípulos le preguntaron a Jesús: «Rabí, ¿quién pecó, éste o sus padres, para que haya nacido ciego?» (Juan 9:2).

Cuando las personas veían a alguien en esta condición, preguntaban: «¿Qué habrá hecho este individuo para merecer esto?». Suponían que una discapacidad física era una señal de disgusto divino.

La respuesta de Jesús fue desconcertante: «No es que pecó éste, ni sus padres, sino para que las obras de Dios se manifiesten en él» (Juan 9:3).

- El hombre nació ciego no porque había hecho algo mal. Nació ciego debido a algo que Jesús quería enderezar.
- Este hombre no estaba ciego porque no pudiera ver. No podía ver porque estaba ciego.
- De la misma manera, somos pecadores no a causa del pecado. Pecamos porque nacimos pecadores.
- No es que hayamos nacido con Cristo y después de alguna manera lo perdimos en el camino. Nacemos sin Jesús. Por eso es que debemos nacer de nuevo.

Tal como nos muestra la respuesta de Jesús, un lugar de desesperación es un escenario para la transformación divina.

Creer es ver

Jesús escupió en el suelo, hizo lodo con su propia saliva y ungió los ojos del hombre. Después que el hombre se lavó en un estanque, como Jesús le instruyó, pudo ver.

El antiguo adagio afirma: «Ver para creer». Pero en este caso es creer para ver.

Que este hombre fuera y se lavara como Jesús le instruyó significa que creyó en el Señor. De no haberlo hecho, el sujeto habría dicho:

«No sé por qué estás haciendo esto. No lo entiendo, y a menos que lo entienda, no voy a creerlo y no voy a obedecerte», y habría muerto ciego.

Pero el hombre le creyó a Jesús porque estaba desesperado.

Nadie más le había ofrecido una cura. Nadie más le había ofrecido un cambio. Nadie más le había ofrecido una oportunidad de sanarse.

Si estás viviendo en silenciosa desesperación, y si quieres que tu lugar de desesperación se convierta en un escenario para la transformación de Dios, cree lo que Jesús dice acerca de ti. Cree lo que Jesús dice acerca de sí mismo. Y cree lo que Jesús dice que puede hacer mediante ti, en ti y por ti.

Recibe lo que Jesús tiene

¿Qué necesita un hombre ciego?

Vista.

¿Qué necesita un hombre en tinieblas?

Luz.

Jesús, la luz del mundo, le había dado vista a este hombre.

Quizá pienses que todo el mundo se sentiría contento, que la historia aparecería en Facebook y que se vería en Twitter. Tal vez pienses que este hombre estaría en la primera página del *Jerusalén Times* y que habría salido en «Buenos Días Israel». Pero en lugar de eso, la misma pregunta se repetía una y otra vez.

Sus vecinos preguntaron: «¿No es éste el que se sentaba y mendigaba?» (Juan 9:8). Cuando el hombre afirmó su identidad, ellos le exigieron: «¿Cómo te fueron abiertos los ojos?» (v. 10).

El hombre había sido ciego desde que nació y todos conocían la condición que lo aquejaba. Pudo haber tenido cerca de cuarenta años de edad, por lo que su situación podía verificarse. Pero ahora podía ver y, en lugar de celebrar, las personas querían una explicación.

Los fariseos también cuestionaron al hombre, quien relató como sucedió todo.

Entonces los líderes religiosos judíos llamaron a los padres del hombre para interrogarlos. «¿Es éste vuestro hijo, el que vosotros decís que nació ciego? ¿Cómo, pues, ve ahora?». Pero papá y mamá no quisieron inmiscuirse porque temían que los expulsaran de la sinagoga, así que contestaron: «Edad tiene, preguntadle a él».

Cuando estos interrogadores lo llamaron otra vez a la tribuna de testigos, el hombre declaró: «No voy a tratar de explicarles lo que no sé, pero voy a detenerme en lo que sé. No entiendo completamente cómo sucedió esto, pero no pueden negar que sucedió. Yo era ciego pero ahora veo».

Considera quién es Jesús

El hombre se arriesgó al ser tan audaz y los dirigentes religiosos lo expulsaron de la sinagoga. Cuando Jesús oyó que habían expulsado al hombre, lo encontró y le preguntó: «¿Crees tú en el Hijo de Dios?».

El hombre contestó: «¿Quién es, Señor, para que crea en él?».

Cuando Jesús se le reveló, el hombre creyó y adoró (Juan 9:35-38).

Puesto que este hombre había respondido a la *primera* luz que Jesús le ofreciera, ahora recibió la luz *plena* de quién era Jesús.

Observa ahora cómo avanzó la fe de este hombre:

- En el versículo 11 afirma que Jesús lo curó. Lo primero que cree en cuanto al Señor es que se trata de un buen hombre.
- Cuando los fariseos le preguntaron respecto a Jesús, responde que cree que se trata de un profeta (v. 17). Por tanto, pasó de llamar a Jesús un buen hombre a llamarlo un gran hombre porque no se podía dar a alguien un elogio más grande en esa época que llamarlo profeta.
- Pero cuando los fariseos acudieron a él por segunda vez para preguntarle acerca de Jesús, anunció con valentía: «Sabemos que Dios no oye a los pecadores; pero si alguno es temeroso de Dios, y hace su voluntad, a ése oye. Desde el principio no se ha oído decir que alguno abriese los ojos a uno que nació ciego. Si éste no viniera de Dios, nada podría hacer» (vv. 31-33).

El hombre confesó finalmente que Jesús *debía venir de parte de Dios.* Jesús no solo es un buen hombre, o incluso un gran hombre, sino que es un hombre piadoso. Él es el Dios-hombre.

Cuando el sujeto respondió a la primera luz que vio, Dios le otorgó más luz. Así como hizo con Agustín, Dios nos da ojos para verlo.

Oración de esta semana: *Señor, estoy desesperado por ti. Que tu luz resplandezca en mi corazón para que yo pueda brillar como testigo de que eres la luz del mundo.*

Pregunta de esta semana: ¿Quién afirmó ser Jesús y qué voy a hacer al respecto?

18

Espiritualmente soberano

Pasajes bíblicos de esta semana:

- Marcos 5:1-20
- Marcos 1:21-34
- Mateo 12:43-45

- Santiago 4:4-10
- 1 Juan 3:4-10

Rebelión celestial

En uno de sus milagros más extraños, Jesús utiliza poder sobrenatural para enseñarnos acerca de los poderes sobrenaturales.

En Marcos 5, el Señor realiza un exorcismo cinematográfico. Un hombre endemoniado se topa con Jesús cerca de la orilla del mar, y Cristo expulsa a los espíritus para mostrar el dominio que tenía sobre el reino sobrenatural. Esta historia parecerá irrelevante o completamente aterradora para muchas personas.

Casi todo deporte cuenta con un equipo que se hace llamar los ángeles, los diablos o los demonios. Es casi como si en el fondo hubiera una conciencia dentro de todos nosotros en cuanto a que, aunque invisible al ojo humano, este mundo en realidad está poblado de seres espirituales. La Biblia no solo confirma que esto es cierto, sino que no se resiste a ello en lo más mínimo.

Cuando creó el mundo, «vio Dios todo lo que había hecho, y he aquí que era bueno en gran manera» (Génesis 1:31). Por supuesto que «todo lo que había hecho» incluía los ángeles. Sin embargo, ya que todo era *bueno*, no había ángeles *malos* o demonios. Pero en el tercer capítulo de Génesis, Satanás en forma de serpiente tentó a Adán y Eva para que desobedecieran a Dios. Por esto, en alguna parte entre Génesis 1:31 y

Génesis 3:1, sucedió algo: hubo una rebelión en el mundo angelical en que muchos ángeles se volvieron contra Dios y se hicieron malos.

Al estudiar los demonios en la Biblia he descubierto tres aspectos que nos ayudarán a mantenerlos en la perspectiva adecuada, y a que los cristianos eviten dos extremos populares: hacerles caso omiso u obsesionarse con ellos.

La perspectiva de Jesús no está en estos dos puntos extremos. Él sabe que ellos existen, pero no permite que lo asusten y cuando se presentan, los confronta con el poder de Dios.

Los demonios son reales

Uno de los mayores peligros que enfrenta tanto la iglesia como el mundo con relación a demonios no es la realidad de estos, sino el hecho de no creer en ellos.

Un famoso teólogo alemán llamado Rudolf Bultmann hizo una famosa declaración dogmática que expresa la opinión de muchos: «No nos podemos servir de la luz eléctrica y de la radio o recurrir en caso de enfermedad a los modernos avances médicos y clínicos y creer al mismo tiempo en el mundo de los espíritus y de los milagros propuestos por el Nuevo Testamento».[5]

Ni los escritores de los Evangelios ni el apóstol Pablo, por no mencionar al mismo Jesucristo, habrían estado de acuerdo con esa declaración.

En todo su Evangelio, Marcos ilustra la realidad de los demonios y el poder que pueden ejercer en las personas. El primer milagro registrado en Marcos, al principio del ministerio de Jesús, es la liberación de un hombre que había estado poseído por un espíritu inmundo. Ante la orden de Jesús, el espíritu sacudió con violencia al individuo y salió de él gritando (Marcos 1:22-27). El segundo milagro que Marcos relata muestra a Jesús ministrando a multitudes de enfermos y endemoniados (Marcos 1:32-34), expulsando demonios y silenciándolos. Marcos dice que adondequiera que Jesús iba se topaba con demonios: «Predicaba en las sinagogas de ellos en toda Galilea, y echaba fuera los demonios» (Marcos 1:39).

Dios cree en demonios, y estos creen en Dios. Santiago 2:19 declara:

5. Rudolf Bultmann, *Kerygma and Myth* (San Francisco: Harper, 1961), pp. 4-5.

«Tú crees que Dios es uno; bien haces. También los demonios creen, y tiemblan».

Los demonios son crueles

Más adelante, Marcos reporta que cuando Jesús salió «de la barca, en seguida vino a su encuentro, de los sepulcros, un hombre con un espíritu inmundo» (Marcos 5:2). La palabra *inmundo* también puede traducirse «cruel» o «degenerado». Esto se refiere principalmente a su actividad en un sentido físico.

El hombre con el que Jesús se topó y que vivía en los sepulcros era fuera de serie. Se había liberado de los grilletes en los pies, y día y noche andaba gritando y cortándose con piedras (Marcos 5:3-5). A los demonios les gusta hacer que las personas se hagan daño y que lastimen a otros. Dicho de modo crudo, los demonios son sanguinarios. El salmista advierte:

> No destruyeron a los pueblos que Jehová les dijo; antes se mezclaron con las naciones, y aprendieron sus obras, y sirvieron a sus ídolos, los cuales fueron causa de su ruina. Sacrificaron sus hijos y sus hijas a los demonios (Salmos 106:34-37).

Es decir, la Biblia declara que el sacrificio y asesinato de niños es evidencia de actividad demoníaca. ¿Cuánta influencia demoníaca podría estar detrás de la industria de abortos que quita las vidas de niños no nacidos? (Se me ocurre).

Jesús permite que el demonio o en realidad los muchos demonios que afligían al hombre en los sepulcros salieran de él y entraran en algunos cerdos que pastaban en una ladera cercana (Marcos 5:13).

A pesar de que esta historia parece francamente extraña para el oído moderno, ilustra la influencia demoníaca en los asesinatos y toda forma de quitar la vida. Satanás y sus demonios están en el negocio de quitar vidas; Jesús está en el negocio de dar vida.

Agentes del pecado y la muerte

Sin lugar a dudas, Adolfo Hitler fue responsable de más muertes que cualquier otra persona que alguna vez haya vivido. En última instancia, supervisó más de cincuenta millones de muertes, incluso las personas que mató y las que resultaron muertas al tratar de detenerlo.

He aquí lo que tal vez no sepas acerca de Adolfo Hitler: Un individuo llamado Dietrich Eckart, uno de los siete fundadores del partido nazi que formaron un círculo íntimo conocido como «el comisario federal para el ocultismo» inició a Hitler en el satanismo.[6] Este era un grupo de satanistas que practicaban magia negra para comunicarse con los demonios. Muchas veces a Adolfo Hitler se le ha llamado «encarnación diabólica», y con toda razón.

La influencia de la actividad demoníaca satura todo tipo de actividades asesinas.

En Marcos 5 y en otras partes de la Biblia, se describen a los demonios como espíritus «impuros» o «inmundos». Esto significa que son «moralmente sucios». Los demonios están implicados en pecados sexuales; no existe duda de que la fascinación de nuestra cultura con la pornografía y la adoración al sexo se debe, en gran parte, a la actividad de los demonios.

Mateo 12:45 también se refiere a los demonios como espíritus «malvados», entes que les encanta estimular falsa adoración de dioses falsos y están detrás de muchas religiones falsas. Los demonios desean evitar que las personas lleguen al Dios verdadero, que oigan el evangelio verdadero y que pongan su fe en el Cristo verdadero.

Los demonios están derrotados

No quiero cometer la equivocación de subestimar o sobreestimar el poder de los demonios. Ellos tienen gran poder. Pero no son rivales para Jesús ni para cualquier seguidor de Cristo en quien vive Él.

A menudo he preguntado: «¿Es posible que un cristiano sea poseído por demonios?».

La respuesta a esa pregunta es un rotundo *no*. Una vez que el Espíritu Santo toma control de la vida de un cristiano, todos los demonios en el infierno no pueden obligar a que el Espíritu salga. Sin embargo, los seguidores de Cristo pueden ser *influenciados por demonios*. Por eso debemos mantener en alto nuestra guardia espiritual, permanecer en la Palabra, seguir orando y no permitirnos caer en tentación.

---

6. www.cuttingedge.org/News/n2246.cfm.

Los tres versículos más importantes de la Biblia, cuando del diablo y sus demonios se trata, revelan el poder de Cristo (¡mediante los cristianos!) sobre los demonios:

- Sométanse a Dios. Resistan al diablo, y él huirá de ustedes (Santiago 4:7, NVI).
- Hijitos, ustedes son de Dios y por esto ya han derrotado a los enemigos de Cristo porque el que está en ustedes es más grande que el que está en el mundo (1 Juan 4:4, PDT).
- Despojando a los principados y a las potestades, los exhibió públicamente, triunfando sobre ellos en la cruz (Colosenses 2:15).

Cuando confías en Cristo como tu Salvador, el Espíritu de Dios viene a vivir dentro de ti. Los demonios te atacarán, pero no pueden poseerte ni vencerte.

Oración de esta semana: *Señor, dame ojos para ver el reino espiritual como tú lo ves, seguro de que el poder del Espíritu Santo está vivo en mí por medio de Cristo.*

Pregunta de esta semana: ¿Entiendes que debes confiar en Dios diariamente en tu guerra espiritual?

Jesús, el narrador de historias

Fascinantes, perspicaces, conmovedoras. Estos son adjetivos adecuados para las historias que Jesús narró. No menos de treinta y cinco por ciento de las enseñanzas registradas de Jesús fueron parábolas, historias diseñadas para revelar verdad. Nadie sabía cómo hilar mejor una historia. Más que cuentos comunes tipo «era una vez», Jesús narra historias terrenales impregnadas de significado tanto *eterno* como *práctico*. Las historias que Jesús contó no fueron para entretenimiento sino para edificación; no se contaron con el propósito de informar sino de transformar. Si quieres saber quién fue Jesús y qué valoraba, echa un vistazo a las parábolas que narró.

19

El sembrador

Pasajes bíblicos de esta semana:

- Mateo 13:1-9
- 1 Pedro 1:22-25
- Mateo 9:35-38
- Juan 4:27-38
- Mateo 28:16-20

Una nueva medida de éxito

Hasta el hecho de pensar en cómo testificar de su fe a otros hace sudar a algunas personas. Tú podrías ser una de ellas o podrías conocer a alguien así. Hay quienes se sienten culpables porque no están buscando a los perdidos. Otros se sienten inadecuados para hablarles del evangelio. Otros más sienten que podrían empeorar la situación, por lo que deciden que es mejor no tratar, que tratar y fracasar.

Jesús cuenta una historia que nos ayuda con esto (Mateo 13:1-9). Un agricultor va a un campo a sembrar semilla, la cual cae en diferentes tipos de tierra. La calidad del suelo determina si una planta crece o si se produce una cosecha.

El enfoque de la parábola de Jesús está en los suelos. El sembrador no cambia. La semilla no cambia. La única variable que determina el fracaso o el éxito es la tierra. En otras palabras, la evangelización no depende del sembrador ni de la semilla, sino del suelo. Es la receptividad del individuo la que determina si nuestros esfuerzos evangelizadores tendrán éxito o no.

Jesús no hará nuestro trabajo, nosotros debemos sembrar. No podemos hacer su trabajo, Él da el crecimiento.

Podemos hacer nuestra parte, pero solo Cristo puede alcanzar el corazón.

Nuestra parte es sembrar la semilla

Jesús compara la Palabra de Dios y el mensaje del reino con echar semilla, porque la semilla es productiva. El propósito de una semilla es producir fruto.

¿Sabes cómo un incrédulo se convierte en creyente? Teniendo la semilla de la Palabra de Dios plantada en el corazón. En 1 Pedro 1:23 (NVI) se afirma: «Ustedes han nacido de nuevo, no de simiente perecedera, sino de simiente imperecedera, mediante la palabra de Dios que vive y permanece».

Una semilla no puede plantarse sola. Necesita un sembrador. Toda la semilla en el mundo es inútil si el sembrador no entra al campo y la siembra. El agricultor no puede hacer este trabajo sentado en la casa. Tiene que salir al campo. Por eso es que la predicación y la enseñanza de la Palabra de Dios deben siempre ser básicas en todo lo que hacemos.

Sembrar era una operación de tecnología poco avanzada. El sembrador llevaba las semillas en el doblez de su ropa exterior y caminaba por los campos arrojándolas. Algunas semillas daban contra tierra dura, unas caían en terreno rocoso, algunas más iban a parar en tierra con espinos y otras caían en tierra fértil. Nuestra responsabilidad es simplemente salir y sembrar.

Variedad de suelos

Jesús describe el primer tipo de suelo como el «camino».

En Palestina, la gente andaba por los campos y tomaba el mismo sendero cada día. Al viajar, pisaban la hierba y la tierra se endurecía. La semilla no podía penetrar en este tipo de tierra. Podía estar *sobre* la tierra, pero no *dentro de* la tierra.

El segundo tipo de suelo era tierra rocosa. Gran parte de Israel es tierra caliza y roca madre que está cubierta con una delgada capa de tierra. Mientras el primer suelo era tierra donde la semilla no podía *entrar*, este otro es suelo donde la semilla no podía *bajar*.

Sin embargo, en el suelo con espinos la semilla brota, pero la planta no puede crecer. No puede *salir*. La Palabra de Dios es ahogada por la prosperidad económica y las posesiones mundanas.

Estas son las personas que oyen la Palabra de Dios y afirman que quieren seguir al Hijo de Dios, pero el campo de golf, la casa en la playa, el dinero extra, el cheque más grande y la escalera corporativa se interponen en el camino. Obtener y mantener estas cosas es más importante que seguir a Jesús.

No obstante, existe un cuarto tipo de suelo. Jesús lo describe como un corazón receptivo a la Palabra de Dios. Este es el corazón que lleva fruto. Algunas personas dirán sí y aceptarán el mensaje, y llevarán fruto para el reino de Dios.

La parte de Dios es producir la cosecha

Lo único que un agricultor puede hacer es sembrar. Una vez hecho esto, la cosecha está en las manos de Dios. Nuestra labor es sembrar, la de Dios es hacer crecer. La clave para alcanzar personas perdidas no es la presentación del mensaje, sino la penetración en el corazón. La presentación es nuestra parte. La penetración es la parte de Dios.

La ecuación podría parecer algo así:

Partícipes fieles + Tierra fértil = Éxito fructífero

Jesús solo pide que digas lo que sabes y que vivas lo que dices.

Puedes sembrar y no tener cosecha; la parábola demuestra esto. Pero si no siembras, nunca habrá cosecha.

Una de las cosas que hago en mi iglesia es animar a los fieles a pedirle a Cristo que les dé tres personas en las que puedan plantar sus vidas, tres personas en quienes puedan sembrar la semilla de la Palabra de Dios, confiando la cosecha a Jesús.

La realidad es que no conoces la condición de la tierra. Por fuera, algunos individuos pueden parecer duros, superficiales o espinosos, pero por fuera no puedes saber la condición del suelo.

¿Roca dura o almohada suave?

Cuando pastoreaba en Mississippi, alquilamos el estadio de fútbol del colegio y organizamos un evento en que personalidades famosas hablaron con el fin de atraer multitudes. Después que la celebridad hablaba, entonces yo predicaba el evangelio. Una noche, Terry Bradshaw, mariscal de campo de Pittsburgh Steelers, dio su testimonio.

Esa noche, Pacey Cohen estaba conduciendo a casa para suicidarse cuando vio al frente esta gran pantalla que decía: «Oye a Terry

Bradshaw». Cohen, fanático de los Steelers, pensó: *tendré una última emoción. Oiré a mi héroe y luego iré a casa y me volaré los sesos*.

Tres mil personas asistían esa noche y Pacey se sentó en la fila superior de las gradas. Él era judío y nunca había oído el evangelio. Yo estaba a punto de terminar la reunión cuando dije algo que no había planeado decir:

«Hay alguien aquí esta noche, y será tu última noche en esta tierra si no vienes a entregarle el corazón a Jesucristo —advertí—. Mañana no estarás vivo, y pasarás toda la eternidad separado de Dios».

Pacey me contó más tarde que juraría ante un tribunal de justicia que yo estaba mirándolo a los ojos. Él se levantó de un salto y corrió a hablar con alguien acerca de cómo seguir a Jesús.

Después de recibir a Cristo, de ser bautizado y de unirse a nuestra iglesia, Pacey se convirtió en evangelista cristiano de tiempo completo. Dios tomó un corazón duro y lo hizo almohada suave. Pacey murió de cáncer, y su última acción fue sembrar la semilla del evangelio en el corazón de su enfermera de cabecera.

Haz tu trabajo. Jesús hará el suyo.

Oración de esta semana: *Señor, concédeme valor para colaborar contigo en la evangelización y lléname de confianza en que únicamente tú estás a cargo de la cosecha.*

Pregunta de esta semana: ¿Quiénes son las tres personas en las que Cristo está llamándote a invertir?

20

El mejor jefe

Pasajes bíblicos de esta semana:

* Mateo 20:1-16
* 1 Timoteo 1:12-14
* Romanos 5:15-21

* Efesios 1:3-10
* Romanos 11:33-36

La generosidad del jefe

La empresa de una mujer estaba teniendo un gran año. Sin embargo, como debía pagar los impuestos al día siguiente, ella se preguntó si tal vez se habían encargado de demasiados proyectos. Llamó a una agencia de empleos temporales, respiró con alivio cuando supo que había alguien disponible y ofreció pagar $100 por el día. La agencia de empleos estuvo de acuerdo.

Al día siguiente llegó el trabajador temporal a las ocho y se puso a trabajar cerrando proyectos. En la primera pausa para tomar café, la jefa supo que seguían estando en problemas incluso con este trabajador adicional. Llamó de nuevo a la agencia y le enviaron otra persona al instante. A la hora del almuerzo, la dama supo que *todavía* estaba en problemas. Volvió a llamar a la agencia de empleo temporal y pidió otro empleado a quien enviaron.

Finalmente, a las tres de la tarde, la jefa llamó de nuevo y pidió un trabajador más, que se presentó a trabajar la última hora del día. Entonces la jefa hizo llamar a su oficina a todos los trabajadores temporales para agradecerles profusamente. Le entregó un billete nuevecito de cien dólares al que había trabajado una hora, y luego dio la misma cantidad a todos los otros trabajadores.

—¿Cómo puede pagarle a todos los demás lo mismo que me pagó a mí? —preguntó furioso el primer trabajador—. ¡Yo trabajé ocho horas completas! Eso no es justo, merezco más.

La empresaria se puso de pie, caminó alrededor de su escritorio, y enfrentó cara a cara al hombre.

—¿Estoy siendo injusta? —preguntó—. ¿No es esta mi empresa? ¿No es este mi dinero? Tal vez tu problema no sea tu pago sino mi generosidad.

Puestos en nuestro lugar

Quizá reconozcas que esta historia se parece mucho a una que Jesús contó en Mateo 20. Enfrenta lo que siempre se ha enseñado: «¡Igual pago por el mismo trabajo!». «¡Exige tus derechos!». Sin embargo, el relato de Jesús indica que esos principios no funcionan en el reino de Dios.

Hace años, mientras llevaba a mi hijo menor a la escuela superior, le pedí que leyera esta parábola.

—¿Qué sobresale para ti en esta historia? —luego le pregunté.

—Que no es justa —contestó.

Si esta historia ocurriera hoy día, los sindicatos se irían a la huelga. Los organismos industriales enfrentarían una investigación federal. Las oficinas de mejoramiento comercial estallarían. El aire sería más espeso con demandas laborales que mosquitos en un pantano.

Pero en el primer versículo de Mateo 20 Jesús nos dice que así sucede en el reino de los cielos. El mundo de Dios no es como nuestro mundo, los caminos de Dios no son como nuestros caminos.

Padres, la próxima vez que alguno de tus hijos se queje: «Eso no es justo», díganle sencillamente: «Dios tampoco lo es». No obstante, una respuesta adecuada para darle a Cristo es de gratitud. Esta parábola nos enseña que la gracia nos pone en nuestro lugar.

Dios es misericordioso

En Israel, la tierra se preparaba en primavera, las vides se podaban en verano y las uvas se cosechaban como en septiembre.

Casi todo pueblo y aldea tenía un «ágora» o plaza de mercado. Por lo general, este era un lugar en que trabajadores comunes se reunían con la esperanza de ser contratados para el día de trabajo. Estos obreros estaban en el peldaño más bajo de la escalera social, no tenían educación y solo podían realizar labores manuales. No disfrutaban los beneficios del empleo continuo. Trabajaban un día a la vez. Si no trabajaban, sus familias pasaban hambre.

Los dueños de viñedos contrataban a estos jornaleros en la plaza, un día a la vez, dándoles la oportunidad de proveer para sus familias.

En la historia que Jesús narró, los primeros trabajadores, contratados como a las seis de la mañana, acordaron trabajar por un denario, salario mínimo por un día de trabajo. Más tarde, otros fueron contratados. Los jornaleros que comenzaron al amanecer trabajaban por un salario acordado, y los que llegaron más tarde trabajaron sin saber cuánto iban a recibir.

¡Pero Dios no tiene que contratar a nadie! Él no tiene que invitar a nadie a ser parte de su familia, a ser ciudadano de su reino, o a ser un trabajador en su ministerio. Dios lo hace porque quiere hacerlo. Su única motivación es la gracia.

Gratitud por la generosidad divina

El dueño reúne a todos los obreros para darles su paga. La primera sorpresa es que a la gente que llegó a trabajar de último se le pagó primero. Normalmente a quienes llegaban a trabajar primero se les pagaba primero, pero invirtiendo la costumbre, el dueño de la viña a propósito paga primero a los últimos trabajadores porque quiere que los primeros sepan cuánto reciben los últimos.

Sorprendentemente, los jornaleros que fueron contratados en la tarde reciben como pago un denario, el salario de un día completo. La noticia empieza a regarse entre el resto de trabajadores. Todos sacan sus calculadoras. Los contratados al principio del día se imaginan que van a obtener el pago de dos semanas por un día de trabajo. A uno de los hombres incluso se le oyó decir: «¡Me voy a Disney World!».

Sin embargo, cada trabajador recibió un denario.

Estos primeros trabajadores no pueden creerlo. ¡Les están pagando por doce horas de trabajo exactamente la misma cantidad de dinero que otras personas recibieron por una hora! De inmediato reclaman: «¡Qué injusticia! Nosotros trabajamos más tiempo. Merecemos más. Nuestros cheques deberían ser más grandes».

Recuerda, nadie queda *mal pagado* en la parábola. Este es el lamento de los *ingratos*. Cometieron la fatal equivocación de comparar lo que recibieron con lo que alguien más recibió.

Lo que no merecemos

El hombre contratado al final del día llegó a casa, y su esposa y sus hijos lo abrazaron cuando puso el denario sobre la mesa.

—Gracias a Dios que conseguiste trabajo hoy —dijo la esposa—. Nos estábamos quedando sin comida y llegaste a tiempo. Sé que debes estar agotado.

—En realidad no. Solo trabajé una hora.

—Pero ese es el salario de todo un día de trabajo —objetó la esposa mirándolo con expresión desconcertada en el rostro—. ¿Cómo es que recibiste esa cantidad si trabajaste solo una hora?

—¡Yo qué sé! Solo sé que él me contrató a las cinco de la tarde. Trabajé una hora. Me pagó lo mismo que al hombre que llegó a trabajar esta mañana a las seis.

—Recibiste lo que no merecías —objetó la esposa dándole una mirada.

—¿Y quién no? —respondió el hombre sonriendo.

Este individuo parecía conocer algo de la misericordia de su amo, ¿verdad? Después de trabajar varios días para jefes miserables, finalmente encontró un amo compasivo y misericordioso.

Mira todo lo que tienes. No solo en lo material sino en lo social, en lo económico y hasta en lo físico, y date cuenta de que *todo es simplemente por gracia*.

Oración de esta semana: *Señor, dame un corazón que sea un reflejo de tu propio corazón generoso. Permíteme mostrar en mi vida la abundancia de tu misericordioso evangelio de buenas nuevas.*

Pregunta de esta semana: ¿Dónde te encuentras en esta historia y cómo te está hablando Jesús por medio de ella?

21

El que abre los ojos

Pasajes bíblicos de esta semana:

- Lucas 10:25-37
- Santiago 2:14-17
- Lucas 6:32-36
- Colosenses 3:12-17
- Hebreos 13:1-3

Un prójimo sorprendente

Tras desembarcar de un avión durante una escala en Irán, un empresario estadounidense fue al baño. Cuando terminó de lavarse las manos, miró hacia abajo y se dio cuenta de que le habían robado el maletín en que se hallaban su billetera, su teléfono celular y su pasaporte.

El empresario viajaba con un compañero, pero este supuesto amigo dijo que no podía quedarse y ayudar, pues su esposa había planeado una fiesta importante y él tenía que abordar el siguiente vuelo y regresar a casa.

Desesperado, el empresario se acercó al mostrador de la línea aérea y pidió ayuda. La fila estaba congestionada y la empleada de la línea aérea le dijo: «Señor, lo siento. No puedo hacer nada para ayudarle. Tengo que ayudar a estas otras personas».

Después de acurrucarse en un asiento del aeropuerto para descansar, el empresario levantó la vista y vio a un hombre con ropa tradicional musulmán parado al lado de su esposa que llevaba burka. Había bondad en los ojos del desconocido cuando manifestó: «Señor, ¿está usted bien? ¿Puedo ayudarlo de alguna manera?».

El hombre y su esposa procedieron a invitar a cenar al empresario en problemas, lo llevaron a la embajada estadounidense, lo ayudaron a llamar a su familia y lo llevaron de vuelta al aeropuerto. Cuando el hombre salía del auto de sus benefactores, la mujer expresó: «Señor, creemos que usted necesitará esto». Ella le entregó un rollo de dinero en efectivo con la cantidad exacta de dinero que necesitaba para pagar su viaje de regreso a casa.

Una pregunta capciosa

En Lucas 10, un intérprete de la ley le preguntó a Jesús cómo heredar la vida eterna. Esta pregunta era una prueba y una trampa.

En lugar de contestar la pregunta del intérprete, Jesús le permitió que la contestara por sí mismo: «¿Qué está escrito en la ley? ¿Cómo lees?». El hombre contesta correctamente (amar a Dios y al prójimo), recibe una buena calificación, pero se da cuenta de que había caído en la trampa que él mismo había tendido.

Sabe que se espera que ame a su prójimo con todo el corazón, el alma, la mente y las fuerzas, pero reacciona y declara: «¡Espere un momento! ¿Quién es mi prójimo?».

Al igual que cualquier buen abogado, el hombre está buscando una vía de escape. Su pregunta da a entender que hay dos categorías de personas: prójimos y no prójimos. Como buen judío del siglo I, espera que Jesús le dé una lista de prójimos que incluía fariseos, saduceos y sin duda, judíos que asistían a la sinagoga y al templo, pero no gentiles, ¡y *con toda certeza*, ningún samaritano!

Este sabelotodo creyó que la respuesta sería: «Tu prójimo incluye a personas que son como tú».

Pero la respuesta de Jesús no pudo estar más alejada de lo que esperaba el intérprete de la ley.

Amigo en necesidad

Pude recorrer el camino de Jericó solo una vez, pues desde entonces ha estado cerrado y ha sido declarado demasiado peligroso para viajar debido a lo escarpado que es y al riesgo que implica recorrerlo.

El camino de Jericó tiene veintisiete kilómetros de largo y baja desde Jerusalén, que está a mil doscientos metros sobre el nivel del mar, hasta Jericó que se encuentra a doscientos sesenta metros por debajo del nivel del mar. En otras palabras, ese camino desierto baja poco más de cincuenta y cinco metros cada kilómetro.

Peor aún, en la época de Jesús, la región estaba plagada de bandidos y ladrones, que la convertían en una de las regiones más controladas por el delito en Israel. Eruditos bíblicos calculan que había por lo menos doce mil ladrones esparcidos por el desierto de Judea entre Jerusalén y Jericó. Imagina pandillas desbandadas vagando alrededor como manadas de perros salvajes atacando a víctimas inocentes, golpeándolas y robándoles sus objetos de valor. Viajar por este camino era tan peligroso que los antiguos lo llamaban «El camino de sangre».

Jesús cuenta de alguien a quien robaron, golpearon y abandonaron medio muerto. No sabemos mucho acerca de este hombre, pero sí sabemos que estaba en necesidad. Podrías recordar el adagio popular: «Un amigo necesitado es un amigo de verdad». Jesús nos muestra las dos únicas maneras en que siempre respondemos a las personas en necesidad.

Razona la situación en tu mente

Cuando Jesús menciona en esta historia que un sacerdote está pasando, brota optimismo en los corazones de los oyentes. El sacerdote es un hombre santo, justo y religioso. Seguramente será el primero en ayudar. Pero cuando vio al hombre herido, pasó al otro lado.

El herido pudo haber estado muerto. De haber sido así, y si el sacerdote lo hubiera tocado, se habría vuelto ceremonialmente impuro. Habría tenido que regresar a Jerusalén y someterse a una limpieza ceremonial de una semana de duración. Además, ¿qué habría pasado si hubiera otros ladrones en la zona?

A continuación pasa un levita. Esto no significa mucho para los lectores modernos, pero los oyentes antiguos sabían que un levita era la realeza de sangre azul. El individuo pertenecía a la tribu de Leví y era ayudante del sacerdote. El levita pudo haber sido un ayudante de *este* sacerdote. Como tal vez tuvo conocimiento de que el sacerdote había pasado de largo sin hacer nada, pudo haber pensado que el sacerdote sabía algo que él no sabía, y por tanto también debía pasar de largo. *Si el sacerdote no se inmiscuyó, ¿por qué debería hacerlo yo?*

Sorprendentemente, los dos individuos que sin duda alguna debieron detenerse a ayudar a este hombre, no lo hicieron. Jesús muestra con sutileza que estos sujetos no eran mejores que los ladrones que golpearon y robaron a este hombre y lo dejaron por muerto.

El sacerdote y el levita fueron malos prójimos porque se negaron a ser buenos prójimos.

Responde con misericordia a la situación

Jesús continúa su historia: «Pero un samaritano, que iba de camino, vino cerca de él, y viéndole, fue movido a misericordia».

Para un judío del primer siglo, el único samaritano bueno era si estaba muerto. Ninguna clase o raza humana era más odiada por el pueblo judío que los samaritanos. A estos los maldecían públicamente en la sinagoga y los excluían de la adoración en el templo. Todos los días se ofrecían oraciones suplicándole a Dios que los mantuviera lejos del cielo.

¿Por qué? Por puro racismo.

Lo que este samaritano hace es sorprendente. Utiliza todos sus recursos disponibles (su aceite, su vino, su ropa personal, su animal, su tiempo, su energía y su dinero) para cuidar lo mejor posible a este judío.

El samaritano arriesga su propia vida al llevar a este hombre herido a un mesón en territorio judío. Y como si fuera poco, el samaritano le entrega al mesonero suficiente dinero para cubrir la comida y el alojamiento del hombre por varios días, y luego promete regresar y pagar todo lo que el herido adeude. Esto es importante porque cualquier individuo que no pudiera pagar sus cuentas podía ser vendido como esclavo por los mesoneros a fin de obtener el pago total de una deuda.

Cuando Jesús pregunta qué hombre demostró ser un buen prójimo, el intérprete de la ley ni siquiera pudo soltar la palabra *samaritano*. En lugar de eso balbucea: «El que usó de misericordia con él».

Lo que hizo tan especial a este samaritano no fue el color de su piel sino la compasión de su corazón. Ninguna ley te convertirá alguna vez en buen prójimo, pero el amor verdadero no puede impedirte que seas buen prójimo.

Un prójimo no se define por color o credo, sino por la necesidad más cercana.

Oración de esta semana: *Señor, admito que me siento tentado a pasar de largo ante los que sufren. Concédeme valor para reconocer a un «prójimo» entre los necesitados.*

Pregunta de esta semana: ¿Es la manera en que te has comportado hacia los necesitados como la de los religiosos que no se detuvieron para ayudar?

22

El auditor divino

Pasajes bíblicos de esta semana:

- Mateo 25:14-30
- Romanos 12:3-8
- 1 Corintios 12:1-11
- 1 Corintios 12:12-31
- Efesios 4:1-16

Melodía del reino

Aparecen en todo musical de Broadway. Están en todo partido de fútbol americano universitario. Se hallan en toda inauguración presidencial. Pasan todos los días del año con Mickey, Minnie, Goofy y Donald en Disney World.

Aunque quizás no sea por ellas que comprarías una entrada, su ausencia en cualquiera de esos acaecimientos sería evidente.

Me estoy refiriendo a las bandas y orquestas.

Si estudias a músicos famosos que han aprendido a tocar con habilidad algún instrumento musical, descubrirás que a menudo aprendieron su arte y perfeccionaron su destreza tocando en una banda u orquesta. Esto se debe a que ciertas habilidades como aprender a armonizar con otros instrumentos, mantener el ritmo, tocar más fuerte o más suave, o seguir la guía de un conductor, solo pueden aprenderse tocando en una banda u orquesta.

Lo que se aplica a una banda o a una orquesta es aún más cierto para una comunidad de creyentes.

Jesús contó una parábola acerca de personas en el desempeño de sus funciones y de lo importante que esto es para la iglesia y el reino de Dios. No todos tocan el mismo instrumento y no todos realizan lo mismo. Algunos instrumentos son más fuertes que otros y algunas partes son más grandes que otras. Lo que le importa a Jesús no es cuánto tienes sino lo que haces con lo que tienes.

Oportunidad dada por Dios para hacer nuestra parte

A fin de ayudarnos a entender el valor de usar lo que tenemos, en Mateo 25 Jesús narra una historia acerca de un señor que, preparándose para irse de la ciudad, confía su propiedad a sus siervos.

La palabra clave es *entregó*. Este hombre había tomado su propiedad, su dinero, y lo había confiado a otros para que lo utilizaran de forma productiva y provechosa. A cada siervo se le dio una oportunidad de mostrar lo que podía hacer con la inversión que el hombre les confió.

Tal como sucede con nosotros, no a todos se nos ha dado igual cantidad de lo que Jesús llamó «talentos». Personas diferentes nacen en situaciones distintas y tienen diferentes dones y habilidades. Pensamos en un talento como una habilidad, pero eso no es lo que la palabra significa aquí. En el mundo antiguo, un talento era una medida de dinero. El valor de un talento era igual a veinte años de salarios para un trabajador promedio. Aunque a cada siervo se le habían entregado cantidades diferentes, a los ojos del señor cada uno había recibido una cantidad importante. No pases por alto esto: no hay instrumentos sin importancia en la orquesta de Dios. No hay *pequeños talentos* en el reino de Dios.

Estos talentos eran diferentes en cantidad, pero eran iguales en origen. Todos habían sido proporcionados por el patrón.

Responsabilidad dada por Dios para hacer nuestra parte

A cada siervo en esta historia se le había dado alguna capacidad. No *igual* capacidad, sino *alguna* capacidad. Toda capacidad es una oportunidad. Y cada oportunidad conlleva la responsabilidad de aprovecharla, de utilizar esa capacidad para la gloria de Dios.

El Señor ha dado a cada uno de nosotros ciertas capacidades, personalidades únicas y oportunidades propias que espera que aprovechemos para su gloria y para beneficio de otras personas. Al igual que el dinero, las capacidades deben invertirse.

Dos de los siervos entendieron eso, pero no pasó así con uno de ellos.

Y el que había recibido cinco talentos fue y negoció con ellos, y ganó otros cinco talentos. Asimismo el que había recibido dos, ganó también otros dos. Pero el que había recibido uno fue y cavó en la tierra, y escondió el dinero de su señor (Mateo 25:16-18).

La historia de Jesús identifica qué significa éxito a los ojos de Dios: éxito es ejercer responsabilidad, aprovechar cada oportunidad y usar nuestras capacidades para la gloria de Dios y el bien de otros. Lo que es importante para Dios no es qué capacidad nos ha dado, sino la manera en que la utilizamos.

Rendición de cuentas a Dios

Jesús sigue revelando que lo que es importante para Dios es lo que hacemos con lo que Él nos ha entregado. Aunque un hombre ganó cinco talentos más, mientras que el otro solo ganó dos más, ambos fueron igualmente recompensados. No importó quién comenzó con más. No importó quién terminó con más. Lo que importó fue qué hicieron con lo que tuvieron.

En cierto modo, me gustaría que la historia terminara allí. El resto de la misma nos hace sentir incómodos y es por eso que a mucha gente no le gusta esta parábola.

Mientras que los dos primeros siervos trajeron el resultado de un esfuerzo, el tercero trajo una excusa. Es interesante que cuando Jesús pregunta a los dos siervos fieles qué hicieron con sus talentos, ambos simplemente contestan: «Tomamos los talentos que nos entregaste y ganamos más talentos». El siervo infiel usó treinta y siete palabras para decir: «No hice nada».

¡Este hombre había enterrado su talento! Ni siquiera lo puso en el banco. Ni siquiera trató de ganar algún interés.

Todo lo que Cristo quiere de cada uno de nosotros es que hagamos nuestra parte. Jesús no espera los mismos resultados, pero sí espera el mismo esfuerzo. Él no te compara con otro. Solo te compara contigo mismo. Jesús no mira lo que tienes; tan solo mira lo que haces con lo que tienes.

Cada jugador importa

Si conoces algo de fútbol americano, sabes que el jugador más fácilmente identificable en cualquier equipo de fútbol, y el más valioso para ese equipo, es el mariscal de campo. Se trata del «general de campaña», quien dicta las instrucciones, ejecuta la ofensiva y es el principal responsable de que el equipo marque puntos o no. Por eso es que la posición de mariscal de campo es la más alta en la Liga Nacional de Fútbol (*NFL*).

¿Puedes imaginar qué posición ocupa el segundo jugador mejor pagado en la Liga? No, no es atacante. No, no es el receptor abierto. No, no es ningún jugador en la defensa. El segundo jugador mejor pagado en la Liga es el placador ofensivo izquierdo. ¿Sabes por qué? Porque protege el lado ciego del mariscal de campo, que es donde este jugador, y por tanto la ofensiva y todo el equipo, es más frágil.

Toma cualquier equipo ganador del Súper Tazón de los últimos años, y cualquier aficionado puede nombrar al mariscal de campo, pero los únicos que pueden nombrar al placador izquierdo son su esposa y su madre. Sin embargo, él jugó en un equipo campeón porque realizó su parte.

Cuando haces tu parte, te presentarás delante del Dios que te formó y Él te dirá: «Bien, buen siervo y fiel».

Oración de esta semana: *Señor, enséñame a ser un buen administrador de los talentos que me has dado. Concédeme sabiduría para usarlos con prudencia y valor para compartirlos libremente.*

Pregunta de esta semana: ¿Cuáles son los talentos particulares (dones, recursos, tesoros, habilidades) que Dios ha entregado solo a *ti*?

23

Un mejor planificador financiero

Pasajes bíblicos de esta semana:

- Lucas 12:13-21
- Romanos 12:9-13
- 2 Corintios 9:6-15

- 1 Timoteo 6:6-10
- Santiago 2:1-7

¿Cómo ves tu riqueza?

Si te hubiera dicho que las reflexiones de esta semana eran solo para personas ricas, tal vez habrías cerrado este libro. Tu primera respuesta pudo haber sido: «No soy rico, así que iré a jugar con mis amigos». O tal vez habrías comenzado a soñar despierto con la clase de persona que seguiría leyendo: el empresario millonario de diecinueve años o el magnate comercial jubilado de noventa años.

¿Adivina qué? Eres más rico de lo que crees.

El ingreso medio en los Estados Unidos es de $50.064. Eso significa que si tu familia está en esa categoría, te encuentras entre el 0,98 por ciento de las personas más ricas del mundo.

Y si ganas el salario mínimo, más o menos entre $15.000 y $20.000 al año, apenas suficiente para alquiler, comida y ropa, todavía estás entre el 12,2 por ciento de la gente más rica del mundo.

Solo necesitamos tres cosas para vivir: techo, comida y ropa. Todo lo demás es riqueza. Al pensar en la riqueza que posees (clósets llenos de ropa y zapatos, el ático y el sótano llenos de cosas que compraste y que están empolvándose), recuerda que la manera en que ves tu riqueza determina tu salud espiritual.

Lo que estoy pidiéndote es que consideres esto: Ya que todo debe irse, porque un día te irás, ¿a dónde irá todo antes que te vayas?

Deseo secreto

Una de las biografías más fascinantes que he leído fue la de John D. Rockefeller. A finales del siglo xx era el único multimillonario en el mundo. Poseía Standard Oil, que en ese tiempo era la única refinería de petróleo del planeta.

—¿Cuánto dinero es suficiente? —alguien le preguntó una vez al señor Rockefeller.

—Solo un poquito más —respondió acertadamente él—. Solo un poquito más.

La codicia es una enfermedad contagiosa y fácil de adquirir. Su causa es una palabra: *más*. La causa primordial de la obesidad es comer más de lo necesario. La causa principal de los problemas económicos es gastar más de lo que se debe. Tenemos áticos, sótanos y garajes abarrotados de cosas porque todos tenemos más y queremos más de lo que necesitamos.

La codicia es un pecado que puedes mantener en secreto sin que nadie lo sepa. Puedes volverte alguien codicioso veinticuatro horas al día sin que nadie más que tú lo sepa.

El hombre en la parábola que Jesús cuenta en Lucas 12 ya era rico. Tenía más de lo que necesitaba, pero quería más de lo que tenía.

Conténtate con lo que tienes

Jesús empieza advirtiendo: «Mirad, y guardaos de toda avaricia», es decir, «controla lo que deseas». Luego nos presenta a un hombre que era tanto rico como necio. Era neciamente rico y ricamente necio. Este granjero no era necio porque fuera rico. No era necio porque fuera próspero y exitoso. La Biblia no condena la prosperidad económica bien adquirida y bien merecida.

El hombre era necio porque no comprendió de dónde provenía su riqueza. Si le hubieras preguntado de dónde había venido su fortuna, habría contestado algo como: «Trabajé por ella y me la gané. Aré campos. Planté semillas. Cuidé el suelo y recogí la cosecha». Eso es lo que parecía en apariencia, pero Jesús lo describe de manera diferente: «La heredad de un hombre rico había producido mucho» (Lucas 12:16).

Jesús no dijo: «Cierto hombre trabajó duro y acumuló una gran fortuna», sino: «Fue la tierra la que produjo mucho». En otras palabras, Dios había dado la tierra al agricultor. Dios había enviado la lluvia y el sol. Dios había utilizado el proceso que había creado para convertir la tierra y la semilla en una cosecha. Dios le había dado el dinero. Y el hombre vio su dinero, su tierra y su ingreso como lo que ganó en lugar de verlo como lo que Dios le había dado.

Insensata manera de pensar

Este tipo estaba ciego. No podía ver al Dios que le dio su riqueza, ni podía ver a otros que necesitaban algo de su riqueza. La codicia le había fortalecido las sombras del egoísmo sobre los ojos y le había cubierto el corazón con el concreto de la avaricia.

Su actitud fue: «Tengo más cosas, por eso creo que necesito más almacenaje». ¿Sabes por qué? Porque pensó que todo lo que le llegaba era para él.

Entonces, por primera y única vez en alguna parábola que Jesús contara, Dios mismo hace su aparición y habla.

> Pero Dios le dijo: Necio, esta noche vienen a pedirte tu alma;
> y lo que has provisto, ¿de quién será? (Lucas 12:20).

Este hombre creyó que la seguridad estaba en su dinero. Pensó que le quedaban muchos años, ¡pero no tuvo otro día más!

¿Sabes por qué este hombre era un necio? ¿Puedo darte el resultado final? Era un necio por dos razones: Creía que era el poseedor de todo lo que tenía, pero no era así. Y creía que podía conservarlo todo, pero esto le fue imposible.

Sé consciente de a dónde vas

La mayoría de individuos cree que lo que tienen es por su esfuerzo. Pero si entiendes que todo lo que tienes viene *de* Dios y es *para* Él, manejarás tu economía de forma completamente distinta.

Te invito a tomar una hora de sueldo, basado en tu salario, y darlo a alguien. Si donas solo el sueldo de una hora, esto es lo que podrías hacer:

- Con $8 podrías comprar quince manzanas orgánicas, o podrías proporcionar veinticinco árboles frutales para que agricultores en Honduras cultiven y vendan fruta en su mercado local.

- Con $30 podrías comprar un DVD nuevo, o podrías suministrar un equipo de primeros auxilios para un pueblo en Haití.
- Con $73 podrías comprar un teléfono celular nuevo, o podrías ayudar a una nueva clínica de salud móvil para cuidado de huérfanos con SIDA en Uganda.
- Con $2400 podrías comprar un televisor de alta definición, o podrías proporcionar educación para toda una generación de niños en una aldea angoleña.

El único remedio para la codicia, la única solución para el egoísmo y la única medicina para el materialismo es dar a los necesitados lo que tienes y así volverte rico para con Dios. Eso es lo que Jesús hizo por nosotros al morir por nuestros pecados, y eso es lo que podemos hacer a cambio por otros. Si Jesús fuera un hombre rico, eso es lo que haría.

Oración de esta semana: *Señor, gracias por satisfacer mis necesidades. Estoy de acuerdo en que lo mío te pertenece. Guíame cuando doy lo que tengo a los que lo necesitan.*

Pregunta de esta semana: ¿Cómo está llamándote Jesús a utilizar lo que tienes para suplir hoy día las necesidades de otros?

24

El Dios del futuro

Pasajes bíblicos de esta semana:

- Lucas 16:1-13
- Romanos 14:10-12
- Salmos 39:4-7
- Lucas 12:35-40
- 1 Timoteo 6:6-11

Prepárate para el futuro

Cuando sonó el teléfono, el hombre sintió que se le revolvía el estómago. Había estado temiendo esta llamada.

—Señor, lo llamo desde el banco para hacerle saber que estamos embargándole la casa. Será desahuciado dentro de una semana.

—No he podido encontrar trabajo desde que me despidieron —suplicó el hombre—, y no tengo a dónde llevar a mi esposa y mis hijos.

—Lo siento mucho, señor. No hay nada que yo pueda hacer.

Rápidamente este individuo se puso en modo de sobrevivencia. Agarró sus herramientas y comenzó a desmontar las lámparas y a quitar los aparatos no esenciales. Al día siguiente sacó todo al jardín y lo puso a la venta. Luego se puso a desmontar su unidad de aire acondicionado, que pronto vendió por buen precio. Incluso vendió bombillos, persianas, ventanas, lavamanos y el calentador de agua.

El día que el funcionario del banco llegó a desalojarlos, la familia ya se había ido. Tomaron el dinero que habían reunido, alquilaron un apartamento y compraron comestibles para un mes.

El banquero le relató la historia a su esposa.

—En cierto sentido, admiro a ese hombre —comentó él.

—¿Qué? —cuestionó ella—. ¿Cómo puedes admirar a alguien así?

—Bueno, el hombre hizo lo que podía con lo que tenía hoy con el fin de prepararse para mañana.

Amadores de dinero

Por supuesto, esta es una adaptación de una parábola que Jesús contó (Lucas 16). Al parecer, la historia tiene que ver con un mayordomo que engañó a su jefe y que Jesús lo elogió, aunque el hombre era mentiroso y ladrón. Esto es lo que hace a la vez de esta parábola algo difícil de entender como fascinante.

Se trata de una historia relacionada con dinero, algo de lo que Jesús enseñó más que de cualquier otro tema, no porque *Él* estuviera obsesionado con el tema sino porque sabía que *nosotros* nos obsesionaríamos con el dinero.

Jesús contó esta parábola, en parte, a causa de un grupo especial en la muchedumbre que lo estaba escuchando: «Los fariseos, que eran avaros, y se burlaban de él» (Lucas 16:14).

La parábola está dirigida de forma especial a la gente que ama el dinero. Es decir, la mayoría de nosotros.

Cuando pienses en todo lo que tienes (dinero, casa, auto, ropa, bienes raíces, acciones, bonos, plan de pensiones), considera esto: un día tendrás que rendir cuentas por tus cuentas, así que es mejor que tengas sabiamente en cuenta tus cuentas.

Responsabilidad de administrar lo que tenemos

Con un vuelco inesperado y un final impresionante, esta historia gira alrededor de un mayordomo. La expresión griega *mayordomo* viene en realidad de dos palabras. Una significa «casa» y la otra significa «administrar». Este individuo es un «administrador de la casa».

En el siglo I, la gente rica a menudo nombraba administradores llamados «mayordomos». Se les daba poder legal para actuar en nombre del amo. Controlaban todos los activos y representaban al amo en toda transacción comercial.

Este mayordomo sabía dos cosas. En primer lugar, no le pertenecía ni un centavo de lo que administraba. En segundo lugar, se le vigilaba y tenía que rendir cuentas de lo que hacía con lo que tenía.

De algún modo, el hombre rico en la parábola de Jesús se había enterado de que su mayordomo había estado manejando mal el dinero. Así que lo llamó y lo despidió en el acto.

Al igual que este mayordomo, un día tendremos que rendir cuentas de nuestras cuentas. No hablo solo de dinero sino de nuestras vidas. Romanos 14:12 declara: «De manera que cada uno de nosotros dará a Dios cuenta de sí».

Un sujeto sagaz

A este hombre rico le debían una suma enorme. Un tipo le debía aceite de oliva por valor de tres años de salario de un trabajador normal, ¡y otro le debía trigo por valor de siete años y medio de salario!

La tasa de interés en el aceite que se tomaba prestado era del ciento por ciento y el interés en el trigo que se prestaba era del veinticinco por ciento, por tanto, el mayordomo reduce de lo que se le debía al amo exactamente la cantidad del interés que se cobraba. En otras palabras, el mayordomo transforma estas deudas en préstamos sin interés.

Imagina que alguien viene a tu puerta, rompe tu hipoteca y te dice que no volverás a pagar intereses, sino tan solo el capital. ¿Crees que tú y ese tipo podrían convertirse en los mejores amigos?

Pero estos clientes supusieron que el mayordomo estaba haciendo esto a petición del amo. En consecuencia, por toda la población se extendió la noticia acerca de este propietario generoso, a quien se le conocía como tacaño. ¡Ahora él era el héroe del pueblo!

Y el amo *elogió* al mayordomo.

Este propietario pudo haber ido a la aldea y haber dicho que las reducciones no estaban autorizadas, y que los deudores tenían que pagar todas sus facturas completas. Pero estas personas no habrían vuelto a hacer negocios con él. El dueño hizo lo único que podía hacer: mantuvo la boca cerrada y aceptó todas las palmaditas en la espalda, aunque eran palmadas costosas.

El dueño no elogió al mayordomo por *lo que* este había hecho sino por *cómo* lo había hecho. Le dijo: «Eres un sujeto sagaz». Había utilizado lo que el dueño le había dado para asegurarse de que en el futuro hubiera alguien que se ocupara de él.

Inversiones perdurables

Willard Cantelon, en su libro *The Day the Dollar Dies* [El día que el dólar muere], cuenta la historia de una madre alemana que quería ayudar a construir una escuela bíblica fuera de la ciudad de Frankfurt que había quedado destruida después de la guerra. Durante toda la guerra, ella había conservado su dinero con orgullo y ternura, acumulándolo, guardándolo y escondiéndolo porque un día lo iba a invertir en una causa digna.

El día que la mujer iba a tomar su dinero y usarlo para construir esa escuela, el marco alemán fue cancelado por el gobierno. Ese domingo de junio de 1948 se suicidó una cantidad asombrosa de alemanes. Millones habían perdido sus ahorros. Al igual que esta mujer, no habían intercambiado su dinero por algo que sobreviviera al colapso económico.

Un día todo lo que tienes o crees que tienes desaparecerá. O se perderá de alguna manera antes que mueras, o seguramente se desvanecerá después que mueras. Un día vas a perderlo, así que úsalo hoy con el fin de prepararte para el futuro.

Eso es exactamente lo que Jesús hizo cuando murió en la cruz y resucitó de los muertos. Invirtió la vida que llevó esos treinta y tres años en la tierra a fin de que pudiéramos prepararnos para el futuro de la eternidad.

Toma todo lo que tienes, todo lo que eres y entrégaselo hoy a Cristo a fin de estar preparado para el futuro.

Oración de esta semana: *Señor, todo lo que tengo es tuyo. Enséñame a ser un administrador sabio con lo que te pertenece y a invertir en tu reino eterno.*

Pregunta de esta semana: ¿Pesan más en tu vida las inversiones eternas que las financieras?

25

El alma de la fiesta

Pasajes bíblicos de esta semana:

- Lucas 15:1-10
- 2 Pedro 3:8-10
- 2 Timoteo 2:22-26
- Lucas 5:27-32
- Ezequiel 34:11-16

Compañeros poco probables

Siempre había dos tipos de personas alrededor de Jesús: la multitud rebelde y la gente religiosa. Hoy día a algunos los identificarían como los «buenos» y los «malos». La multitud rebelde podría incluir drogadictos, ex convictos y miembros de pandillas. La gente religiosa seguramente incluiría cristianos vestidos con sus mejores galas dominicales. Muchas personas de iglesia se parecen a los fariseos más de lo que les gustaría admitir. Y debido a que los fariseos se consideraban «los buenos», les *enfurecía* que Jesús se rodeara de gente «mala» (Lucas 15:1-2).

Los fariseos no entendían por qué Jesús, alguien que afirmaba ser el Hijo de Dios, andaba con pecadores porque los fariseos no veían a los pecadores del modo en que Dios los ve. Veían a los pecadores como *perdedores*, pero Dios ve a los pecadores como *perdidos*.

A fin de captar la santa imaginación de aquellos con corazones endurecidos, Jesús reveló que todo el mundo (Él, los pecadores e incluso los fariseos) podían estar de acuerdo en que si una oveja se perdía, el pastor de esa oveja iría a buscarla. Los buenos pastores no se preocupan por *alguna parte* del rebaño ni incluso por la *mayor parte* del rebaño. Se preocupan por *todo* el rebaño. Y esto se vuelve más evidente cuando una oveja se extravía.

Una oveja perdida

Una pareja joven estaba de compras en el centro comercial con su hijo de dos años de edad, Jimmy, cuando el esposo se detuvo en una tienda para probarse unos pantalones. Jimmy estaba sentado en un cochecito en que su bolsa de pañales y la cartera de su madre colgaban de las agarraderas.

Cuando el hombre salió del vestidor, miró a su esposa y le preguntó: «¿Dónde está Jimmy?».

Ambos revisaron el área en busca de su hijo, ¡pero Jimmy, el cochecito, la cartera y la bolsa de pañales habían desaparecido! Frenéticamente recorrieron la tienda, pero no pudieron encontrar por ninguna parte a Jimmy. Cuando le preguntaron a una vendedora si había visto un niño pequeño y un cochecito, la respuesta fue sorprendentemente despreocupada.

—Sí —contestó ella—. Él acaba de salir empujando el cochecito hace como dos minutos.

—¿Por qué no lo detuvo? —cuestionó el padre.

—No se trataba de mi hijo.

La pareja entró corriendo al centro comercial, mirando en toda dirección, pero no pudieron hallar a su hijo. Tal vez por instinto giraron hacia la derecha, dieron unos pasos y se dirigieron a la juguetería.

Cuando miraron por la ventana hacia el interior, divisaron a su hijo. Totalmente feliz, Jimmy estaba sentado en un pequeño auto rojo de juguete, al lado del cochecito de la familia, saludando a sus padres a través de la ventana.

A punto de romper a llorar, el padre respiró profundamente para recuperar la compostura. Rebosante de alivio, la pareja experimentó profundo gozo.

Esta no es una historia ficticia ni incluso el cuento de un extraño. ¡Es una historia verídica acerca de mi hijo James! En esos momentos de angustia logré entender el corazón de Jesús, quien es el *buscador* de los perdidos.

Mi hijo James no era un perdedor, pero estaba *perdido*.

En la familia y todavía fuera de la familia

Ya que eres un seguidor de Jesucristo, cuando ves a alguien que está lejos de Dios del mismo modo que ves a un hijo que está perdido, tu actitud y tus prioridades hacia esa persona cambiarán por completo. Experimenté una gran oleada de alegría cuando finalmente me reuní con mi hijo, y la euforia de Dios cuando los perdidos son hallados es aún mayor que la celebración que hace por los que ya están «en la familia».

Lo que pasó con mi hijo James ocurre con las ovejas: ¡la que está perdida ni siquiera se da cuenta de que está perdida! No solo que James no *sabía* que se había extraviado, no le *importaba* que estuviera perdido. El pastor tiene que vigilar cuidadosamente el rebaño porque por naturaleza las ovejas se extravían. Y cuando lo hacen, no regresan porque ni siquiera se dan cuenta de que se han perdido, ni son lo bastante listas como para encontrar el camino de regreso. Una persona que se halla lejos de Jesús está perdida. Es como un ciego en un cuarto oscuro buscando un gato negro que no está allí.

¿Observaste lo que hizo el pastor en la historia de Jesús? Dejó a las noventa y nueve ovejas para que se las arreglaran solas, y fue a buscar la que se había extraviado. Lo que hizo que esa oveja fuera tan preciada fue el amor y la preocupación de aquel que la había perdido.

Jesús no nos ama porque seamos valiosos; somos valiosos porque Jesús nos ama.

Un vagabundo indefenso encontrado

Si eres padre, has tenido o tendrás la experiencia de perder de vista a tu hijo. (Los niños son como ninjas: ¡desaparecen delante de tus ojos!). Cuando eso te suceda, respira y ten en cuenta que, en una forma que nunca habrías escogido, has encontrado el corazón y la mente de Dios.

Hace poco leí una historia sobre una niñita que vivía al borde de un gran bosque. Un día se internó entre los árboles para explorar, pero pronto perdió la orientación y no pudo encontrar el camino de regreso a casa. A medida que la oscuridad la envolvía, el miedo se apoderaba de su corazón. Gritó, gritó y lloró hasta que, finalmente, se acostó y se quedó dormida.

Su padre, ronco de llamarla por el nombre, había estado buscándola durante varias horas cuando vio a la niña acostada sobre un área con hierba. Llamándola, corrió al lado de ella tan rápido como pudo.

La niñita despertó, saltó a los brazos de su padre, lo abrazó, lo besó y dijo: «Papito, ¡estoy feliz de haberte encontrado!».

Esta también es nuestra historia. No encontramos a Jesús; Él nos encuentra. Y Jesús nos encuentra porque siempre nos ha estado buscando.

Causa de gran alegría

Al encontrar su oveja perdida, el pastor en la historia de Jesús hizo algo que habría dejado a los oyentes rascándose la cabeza. Organizó una fiesta a la que invitó a sus amigos y vecinos, diciéndoles: «Gozaos conmigo».

Imagina ahora que estos invitados llegan, pero no tienen idea de lo que están celebrando. Una vez que todos han llegado, antes que se sienten a comer y beber, el anfitrión señala al animalito y comunica: «Esa oveja estaba perdida, pero la he encontrado. ¡Festejemos!».

El deseo más profundo del corazón de Jesús es que los perdidos sean encontrados. En lo que se habría sentido como un puñetazo en el estómago para los hipócritas fariseos que escuchaban, Jesús anuncia: «Os digo que así habrá más gozo en el cielo por un pecador que se arrepiente, que por noventa y nueve justos que no necesitan de arrepentimiento» (Lucas 15:7). Cada vez que alguien se arrepiente, cada vez que una persona rinde su vida a Jesucristo, cada vez que un perdido es hallado, Dios declara: «¡Es hora de festejar!».

¿Puedes imaginar a los ángeles en el cielo mientras contemplan a Dios? De repente, Dios empieza a gritar, a danzar y a alegrarse. Saca la comida y la bebida. Un ángel exclama: «Ahí va de nuevo. Alguien más acaba de arrepentirse. Otra persona más acaba de ser hallada. Alguien más acaba de rendirse a Jesús».

Debido a que los perdidos le importan a Jesús, nos importan a nosotros. Y cuando llenos del amor de Cristo vamos tras los perdidos, el cielo se regocija.

Oración de esta semana: *Señor, enciende en mi corazón tu pasión por los perdidos. Dame ojos para ver como tú ves y el deseo de buscarlos e invitarlos a la celebración que les espera.*

Pregunta de esta semana: ¿Tienes la misma pasión del Pastor de los pastores para buscar a los que están perdidos?

26

El anfitrión hospitalario

Pasajes bíblicos de esta semana:

- Lucas 14:12-24
- Juan 6:35-40
- Mateo 11:25-30

- Isaías 55:1-5
- Apocalipsis 19:6-9

Un ofrecimiento que no debe rechazarse

Imagina esto: El grupo U2 acaba de anunciar que se están separando. Harán un último concierto de despedida en el Madison Square Garden de la ciudad de Nueva York. Solo una noche.

Un popular pinchadiscos en Manhattan consigue cinco entradas con pases para los camerinos, pero la norma de la empresa le prohíbe terminantemente usarlos. Durante días anuncia al aire un gran sorteo en que ofrece las entradas a la centésima persona que llame. Espera que las líneas telefónicas se congestionen.

Cuando el día y la hora mágicos llegan, ninguna persona llama.

El tiempo pasa. El concierto es en solo unas horas, por lo que el pinchadiscos comienza a llamar a sus amigos. Uno de ellos le dice que tiene que llevar a su hijo al entrenamiento de fútbol. Otro informa que esa noche suele ir de compras con su esposa. Uno más comenta que le gustaría ir, pero que debe pintar el baño.

En completa incredulidad, el hombre cuelga el teléfono, sale a caminar a la calle y encuentra a cinco hombres indigentes sentados frente al estudio.

«¡Hola! Me gustaría invitarlos a una noche con todo incluido en el coliseo al otro lado de la calle. El último concierto del grupo U2. Tengo cinco entradas con pases a los camerinos y un bufé libre. ¿Les interesa?».

Al principio los desconcertados hombres se quedan absolutamente sin palabras. Entonces se ponen de pie, reciben felices las entradas y entran al coliseo a disfrutar asientos en primera fila del último concierto de U2.

Ofrecimiento rechazado

Jesús quería que supiéramos que el reino de su Padre se *parece a eso*. En lugar de un concierto, en Lucas 14 Jesús describe a un anfitrión que invita a personas a una comida. Es día de reposo y Jesús está cenando en la casa de uno de los dirigentes de los fariseos, que lo observaban con cuidado. Estaban tratando de atraparlo al hacerlo participar en un debate que Él no podía ganar.

Para romper el hielo, uno de los hombres intervino: «Bienaventurado el que coma pan en el reino de Dios» (Lucas 14:15).

Este individuo no solo estaba haciendo una declaración, sino una suposición. Estaba diciendo que sin duda alguna él y todos sus compañeros fariseos tendrían un lugar en la mesa de Dios en el reino divino.

Pero lo que los fariseos no comprendieron fue que el reino de Dios no era algo que debían buscar *mañana*, sino algo que ya estaba presente en Cristo.

Jesús los había invitado a seguirlo. Los había invitado a tener comunión con Él. Ya que creían que ya se habían ganado su lugar en el reino, rechazaron la invitación.

¿He oído la invitación que Dios me hace?

Jesús es el anfitrión de la gran fiesta, e invita a todos a que sean parte de su reino y se sienten a la mesa de Él. La comida ha sido preparada. Está caliente y lista para consumirse.

En el Oriente Medio, en realidad se enviaban *dos* invitaciones para un banquete. Una invitación se enviaba con suficiente tiempo antes del banquete para que los invitados pudieran separar la fecha en sus calendarios. Conocían el día del banquete pero no sabían la hora exacta. Estas invitaciones requerían una confirmación. Todos tendrían que hacer saber al anfitrión que irían para que él supiera cuánta comida preparar, cuánto pan hornear y cuánto vino servir.

Justo antes que comenzara el festejo, el anfitrión enviaba a sus criados para que hicieran la segunda invitación a los asistentes que acudirían.

La primera invitación ya se había entregado. Los invitados ya habían acordado ir y ahora debían tomar sus lugares en la mesa.

Y la fiesta que disfrutarían era *gratis*.

¿He honrado la invitación que Dios me hace?

La puerta estaba abierta, el anfitrión se hallaba esperando, los cubiertos y la porcelana se encontraban en su lugar. Los platos se habían servido hasta rebosar con carnes, verduras y frutas. Las copas se habían llenado de vino.

El anfitrión miró el horizonte, esperando ver a sus invitados, pero ninguno apareció porque todos habían dado excusas. ¡Y ni siquiera fueron buenas excusas!

El primero dijo que compró un campo y tenía que ir a verlo. Pero comprar o vender buenas tierras de cultivo era un proceso largo y exigente que solía tardar meses y a veces años. Puesto que Israel tiene gran cantidad de tierras desérticas, así como algunas tierras aptas para la agricultura, sin duda el agricultor debía enterarse de todo lo que pudiera saber acerca de esta tierra para asegurarse de que podía ganar dinero con ella.

El siguiente invitado había comprado cinco yuntas de bueyes. Normalmente un hombre podía trabajar solo con una yunta, pero este hombre había comprado *cinco*. No era un campesino de poca monta. Este era un ranchero que probablemente tenía más de cincuenta hectáreas. Ningún granjero habría comprado animales tan valiosos sin mirarlos primero.

Un tercer invitado utilizó la débil excusa de un matrimonio reciente. Sin embargo, ¡a qué mujer no le gustaría vestirse para una fiesta! Pero al igual que los otros, este hombre no fue al banquete porque no quería ir al banquete.

Pero *no* hay excusa legítima para rechazar la invitación que Dios hace de ser parte de su familia o tener un lugar en su mesa. Rechazar la misericordiosa invitación de Dios deshonra a Aquel que te amó tanto que envió a su Hijo a morir por ti.

¿He prestado atención a la invitación que Dios me hace?

Es evidente que el anfitrión es un hombre rico. Pero cuando sus invitados rechazan su ofrecimiento, él se enfurece. Esta vez no hubo un no unánime sino un sí unánime.

¿Puedes imaginar lo emocionante que sería recibir esta invitación? Me emocionaría muchísimo.

Una ocasión el ex presidente George H. W. Bush estaba en Atlanta, cuando me invitaron a llevar a mis hijos a una cena de recaudación de fondos para un candidato que estaba en campaña. Me dijeron que nos sentaríamos en la mesa con el ex presidente.

No dije algo como: «Me gustaría poder asistir, pero debo ir de compras al centro comercial».

Ni siquiera dije: «Lo siento, pero ese día tengo un partido de golf». Dije: «Allí estaré».

Recibí esa invitación. Honré esa invitación. Presté atención a esa invitación. Ahora mis hijos y yo tenemos un recuerdo que nunca olvidaré.

Todos hemos recibido una invitación muy superior para sentarnos a la mesa del Creador del universo, el Rey de reyes y Señor de señores, y para disfrutar de su presencia por siempre.

Oración de esta semana: *Gracias, Señor, porque me has invitado a festejar en tu presencia en tu mesa. Anima mi corazón de modo que siempre pueda estar listo para decir sí cuando llames.*

Pregunta de esta semana: Cuando Jesús te llamó, ¿dejaste todo para asistir a su banquete? ¿Lo haces hoy?

27

El objeto de nuestra adoración

Pasajes bíblicos de esta semana:

- Lucas 18:9-14
- Mateo 7:14-23
- Mateo 7:1-5
- Isaías 6:1-7
- Lucas 5:1-11

Una historia de dos hombres

Un ministro vive con su familia en un cómodo vecindario cerrado. Frente a la casa hay ventanas panorámicas donde el pastor se arrodilla para orar cada mañana, esperando que sus vecinos lo vean porque desea testificarles.

El ministro ora: «Querido Dios, estoy muy agradecido por lo que soy y lo que tengo. Agradezco mucho que, a diferencia de tantas personas, nunca he bebido. Nunca he fumado. Nunca he blasfemado. He sido fiel a mi esposa y buen padre para mis hijos. Agradezco tanto que yo no sea como muchas personas allá afuera que llevan estilos de vida tan terribles, pues yo nunca seré así».

En la otra parte de la ciudad, donde la mitad de casas tienen tapias altas, es un lugar oscuro, pues no hay electricidad. Ahí todo huele a orina y vómito. Esparcidas por el suelo se encuentran jeringuillas usadas.

En una habitación de la planta alta un hombre está sentado frente a una mesa donde hay cocaína espolvoreada y organizada en líneas. Atrapado en la adicción se pone de rodillas para comenzar a aspirar otra línea, cuando una avalancha de convicción le quebranta el corazón.

En lugar de alargar la mano hacia la jeringuilla, mira hacia el cielo y exclama: «Oh, Dios, soy el individuo menos digno de hablar contigo. He tomado decisiones terribles y he pagado las consecuencias. Dios, ¿podrías tener misericordia de mí?».

Dos ubicaciones. Dos hombres. Dos oraciones.

Una pregunta: A los ojos de Dios, ¿quién crees que se levantó justificado?

Esta historia podría ser para ti

Jesús nos cuenta una historia en Lucas 18 acerca de dos hombres en una situación parecida, pero con un giro sorprendente. Por la razón equivocada, uno de los hombres estaba convencido de que era recto delante de Dios, pero se equivocaba. Por las razones correctas, el otro hombre estaba convencido de que no estaba a cuentas con Dios, y tenía razón.

Jeff Foxworthy se ha vuelto famoso por identificarse con los campesinos. Si lo decimos al modo Foxworthy, «podrías estar en esta parábola si...», cualquiera de las siguientes cosas fueran ciertas acerca de ti:

- ¿Te has fijado alguna vez en las personas que no van a la iglesia y has pensado que eres mejor que ellas porque tú sí asistes?
- ¿Has mirado alguna vez a personas que beben y te has puesto a pensar que eres mejor que ellas porque no te emborrachas?
- ¿Frente a alguien que podría estar viviendo en pecado sexual has agradecido a Dios porque no haces eso?

De ser así, Jesús está hablándote.

Si levantas la mirada a Dios, nunca mirarás hacia abajo a los demás.

Un hombre en la historia de Jesús fue rechazado por Dios y el otro fue aceptado. ¿Por qué? Por cómo se veían a sí mismos.

No te molestes en comparar

En el siglo I, cada día en el templo había dos cultos en que se sacrificaban corderos y en que se hacía una expiación por el pecado. El primer culto empezaba al amanecer y el último, a las tres de la tarde. Cada culto comenzaba fuera del santuario, en el altar, donde tenía lugar el sacrificio por los pecados. Sonaban trompetas y címbalos, y alguien leía un salmo. El sacerdote entraba entonces a la parte exterior del santuario, donde ofrecía incienso y arreglaba las lámparas. Cuando salía, todos ofrecían oraciones a Dios.

En el judaísmo del primer siglo, el fariseo era el niño buena gente. Se podía razonar que si había alguien que estaba a cuentas con Dios, debía ser un fariseo.

«Fariseo» tiene una connotación negativa hoy día, pero no la tenía hace dos mil años. Podrías haber efectuado una votación y cualquier fariseo habría sido arrolladoramente escogido como el que tal vez más conocía a Dios, el que tenía contacto con Dios y quien estaría a cuentas con Dios.

En la historia de Jesús, el fariseo se compara con aquellos que creía que estaban por debajo de él: extorsionistas, adúlteros y cobradores de impuestos. Le hizo saber a Dios que, a diferencia de esos vagos, él ayunaba más de lo que se requería y que de lo que tenía diezmaba más de lo exigido (Lucas 18:12). Pensó que podía mirar hacia arriba a Dios y hacia abajo a los demás. C. S. Lewis declaró con sabiduría: «Un individuo orgulloso siempre está mirando hacia abajo a las cosas y a las personas; pero mientras estás mirando hacia abajo, no puedes ver lo que está por encima de ti».

Mírate de manera correcta

Estos dos hombres no podían ser más diferentes. A un fariseo se le consideraba tan distinto de un recaudador de impuestos como lo sería el papa de un proxeneta. No solo que el recaudador de impuestos no entregaba ningún dinero al templo, sino que robaba a las personas que iban allí.

Se nos dice que este recaudador estaba «lejos». Eso era lo que se esperaba. Nadie tendría algo que ver con él. Mientras el fariseo permanecía en el centro del patio, el recaudador se movía en la parte trasera, permaneciendo en las sombras (Lucas 18:13).

Este hombre se veía de forma correcta. ¿Sabes por qué? Te verás de manera correcta solo cuando veas de manera correcta a Dios. Cuando ves correctamente a Dios, entiendes que solo Él es perfecto y que nadie más lo es.

Cuando este hombre exclama: «Sé propicio a mí», no utiliza la palabra normal para «misericordia». La expresión aquí se remonta a la palabra hebrea *kippur*, que significa «expiación», como en Yom Kippur, que significa «el Día de la Expiación». El vocablo *expiación* significa «cubrir». Lo que este hombre dijo fue: «Dios, estoy admitiendo lo que ya sabes que es verdad en cuanto a mí. Soy un pecador con corazón pecaminoso. Dios, cúbreme, por favor». Eso es lo único que Dios necesitaba y quería oír de cada uno de ellos.

Mírate claramente

Uno de los hombres declaró ser inocente, pero se fue a casa siendo culpable; el otro manifestó que era culpable, pero se fue a casa siendo inocente.

Imagino que la conversación en el patio del templo ese día pudo haber resultado de modo distinto.

—¿Qué estás haciendo aquí? —quizá preguntó ese fariseo acercándose al recaudador de impuestos—. No te había visto antes por aquí.

—Sabes que soy un recaudador de impuestos y que me gano la vida robándole a la gente. Dios me ha mostrado finalmente lo que soy y quién soy, y me avergüenza estar en este lugar, pero me he dado cuenta de que necesito que Dios tenga compasión de mí. Por eso estoy aquí.

—¿De veras? —pudo haber contestado el fariseo—. ¡Por eso mismo es que yo estoy aquí!

—¡Espera un momento! —habría exclamado asombrado el recaudador—. Eres un religioso. Eres espiritual. Eres un fariseo. Nunca has cometido ninguno de los pecados que yo he cometido. No eres la persona que yo soy.

—Sí, pero ese no es mi problema —habría respondido el fariseo—. Soy orgulloso, arrogante, crítico y santurrón, y necesito la misericordia divina. Hagamos un trato: no pienses que no eres suficientemente bueno para Dios y tampoco pensaré que soy demasiado bueno para Dios. Oremos cada uno por el otro.

Oración de esta semana: *Señor, confieso que soy un pecador necesitado de tu gracia. Perdóname por pensar que soy un poco mejor que la persona a mi lado, y ayúdame a ver claramente.*

Pregunta de esta semana: ¿Eres más propenso a creer que eres demasiado bueno para Dios o a pensar que no eres suficientemente bueno? ¿Qué dice Jesús al respecto?

28

El gran dador

Pasajes bíblicos de esta semana:

- Lucas 15:11-32
- Salmos 103:1-14
- Salmos 78:32-39
- Isaías 57:14-16
- Lamentaciones 3:19-24

Una parábola moderna

En una pequeña zona suburbana vivía un hombre con un supermercado exitoso. Sus dos hijos trabajaban allí, el mayor servía como contador de la oficina, mientras que el menor administraba el lugar. Un día, el hijo menor le dijo a su padre que quería irse.

El padre estaba confundido y reacio, pero lo llevó a la oficina y le entregó la mitad del dinero allí guardado. El hijo metió el dinero en su maleta, se fue a casa de un amigo y gastó el dinero de su padre en comida, bebida y drogas.

Cuando se acabó el dinero, finalmente vendió el antiguo auto del abuelo que su padre le había regalado después que se graduara. En un santiamén, el joven estaba viviendo en la calle, consiguiendo dinero con la venta de mercancía robada a tiendas locales. Hambriento, desesperado y quebrantado, finalmente decidió regresar a casa.

Pensó: *Hasta los empleados de medio tiempo en el supermercado de papá tienen más que yo. Le rogaré que me deje llenar los estantes de la tienda.*

Consiguió que lo llevaran de regreso y entró por la puerta del frente del supermercado. Cuando su padre lo vio, atravesó corriendo el negocio y llorando envolvió a su hijo con los brazos. El supermercado estaba lleno de clientes, pero al padre no le importó hacer el ridículo. Sencillamente estaba feliz de que su hijo hubiera vuelto.

El hermano mayor miraba con recelo la escena, molesto de que su padre recibiera al hijo rebelde. No podía entender la reacción de su progenitor.

Dos grupos

Podrías identificar este relato con la «parábola del hijo pródigo», aunque ese no es un nombre adecuado para ella. Ni siquiera Jesús la llamó así. En Lucas 15:11, la historia comienza de este modo: «Un hombre tenía *dos* hijos». Hay dos hermanos, que representan a todo ser humano en este mundo que está separado de Dios.

Dos grupos de personas habían llegado ese día a escuchar a Jesús y cada grupo representa a uno de los dos hijos. Estaban los chicos malos: cobradores de impuestos y pecadores. Luego tenemos a los chicos buenos: los fariseos. Estos eran la gente de iglesia. Eran los fundamentalistas. Estaban llenos de crítica y vacíos de misericordia.

Los miembros de un grupo eran tan malos que no creían que Dios los aceptaría alguna vez. Los del otro grupo eran tan buenos que creían que Dios ya los había aceptado. Ambos grupos estaban equivocados.

Jesús cuenta una parábola para mostrar cómo ve Dios a ambos grupos. Siempre tendemos a enfocarnos en el hijo que regresa a casa, pero el enfoque de Jesús está en el padre. El padre y sus relaciones son la enseñanza central de esta parábola. Lo que descubrimos acerca de él es que la puerta del Padre siempre está abierta, y que el mensaje del Padre siempre es de «bienvenida».

El Padre nos ama cuando nos rebelamos contra Él

La historia comienza con un hijo que evidentemente tenía todo lo que alguna vez se puede querer en la vida. Pero, de alguna manera, la raíz de ingratitud había florecido en fruto de rebeldía.

La ley judía era clara. En este caso, el hijo mayor recibiría dos tercios de la herencia y el menor obtendría un tercio. Solo había una condición: el padre debía estar muerto.

Fue como si el hijo menor le estuviera diciendo a su padre: «Ojalá estuvieras muerto».

Si eres padre, ¿te imaginas oír algo más devastador de parte de tus hijos? Este hijo ha deshonrado, mancillado y repudiado a su padre.

Un padre típico en esa época le habría dado una bofetada al hijo, lo habría echado a patadas de la casa y lo habría desheredado delante de toda la comunidad. Pero no solo este padre hace caso omiso del insulto, sino que hace lo impensable al concederle la petición al hijo.

Al principio todo resulta según lo planeado por este muchacho. Compró el condominio frente a la playa, condujo el Ferrari, se puso un Rolex en la muñeca y tuvo una mujer diferente en su cama cada noche.

Entonces llegó la ruina. El joven lo perdió todo. Perdió todo *menos* el amor de su padre.

Cada ser humano, sea quien sea, esté donde esté o haga lo que haga, tiene un Padre que lo ama. No existe límite de cuán lejos Él lo dejará ir, pero tampoco hay límite de cuánto tiempo esperará el Padre hasta que el rebelde regrese.

El Padre nos acepta cuando regresamos a Él

El poeta Robert Frost acertadamente declaró: «El hogar es el lugar donde, cuando tienes que ir allí, tienen que aceptarte».

Al igual que una paloma, el instinto natural para regresar había golpeado a este chico y quiso regresar a casa. Hay una puerta que siempre está abierta y es la puerta de la casa del Padre.

El hijo, que había salido pavoneándose por la puerta principal, ahora se escabulle por el camino de tierra mientras su padre establece una marca en los cien metros planos para llegar hasta donde su hijo. La antigua cultura hebrea consideraba que correr era un acto indigno para un hombre mayor. Los hombres usaban túnicas largas y sueltas, y tendrían que recoger todas esas vestiduras en la cintura para correr, exponiendo así sus prendas interiores. Pero al amor no le importa lo que otras personas piensen.

Así es como nuestro Padre celestial trata a todos los que deciden volver a casa. Nos ve con los ojos del perdón.

El Padre nos busca cuando lo rechazamos

El hijo mayor está tan enojado que toma el paso radical de romper la relación con su padre. Que un hijo se niegue a asistir a cualquier fiesta o banquete ofrecido por un padre era un insulto público indescriptible.

Ninguno de los hijos quería estar en esta fiesta. El menor estaba avergonzado, porque pensaba que no merecía el festejo. El hijo mayor estaba furioso, porque pensaba que se lo merecía. Sin embargo, el verdadero problema con el hermano mayor fue que se comparó con alguien a quien consideraba injusto.

¿Sabes por qué muchos hermanos menores aún están allá afuera y no quieren entrar a la iglesia? Ven una iglesia llena de hermanos mayores que no quieren que ellos vayan, y tienen miedo de que si van allá, serán abofeteados con la mano fría de la crítica en vez de ser tocados con la mano cálida del amor.

Las personas arrogantes piensan que las perversas nunca pueden ser perdonadas y que nunca deberían recibir perdón. Pero aunque el hermano mayor está en modo de castigo, el padre está en modo de perdón. El hermano mayor está en modo de culpa, pero el padre está en modo de gracia. El hermano mayor está en modo de venganza, pero el padre está en modo de reconciliación.

Por mucho que te hayas descarriado, por mucho que te hayas hundido, debes saber que, al regresar, encontrarás al Padre frente a una puerta abierta, con los brazos abiertos y con un corazón amoroso.

Oración de esta semana: *Señor, hazme un agente de tu gracia enseñándome a estar con los brazos abiertos de par en par para recibir a tu hijo que se ha descarriado.*

Pregunta de esta semana: ¿En qué maneras tú, al igual que el hermano mayor, te has negado a extender la gracia que has recibido?

29

El que conoce el corazón

Pasajes bíblicos de esta semana:	
• Mateo 13:24-30	• 1 Juan 2:3-11
• 2 Corintios 11:12-15	• 1 Juan 2:18-23
• Gálatas 1:6-9	

Tesoro de la basura

El fabricante italiano de violines, Antonio Stradivari, era un hombre pobre. Y sin embargo sus violines ahora son los más preciados jamás fabricados debido al exquisito y resonante sonido que producen. El sonido único de un Stradivarius no se puede falsificar.

Lo que más podría sorprenderte es que estos valiosos instrumentos no fueron hechos de trozos preciados de madera, sino tallados de madera descartada. Debido a que Stradivari no podía comprar buenos materiales, conseguía la mayor parte de su madera de los puertos sucios donde vivía. Llevaba a su taller esos empañados trozos de madera, los limpiaba y los secaba. Entonces, de esos pedazos desechados de madera, creaba instrumentos de extraordinaria belleza.

Más tarde llegó a descubrirse que mientras la madera flotaba en esos puertos sucios, se infiltraban en ella microbios que se comían los núcleos de las células. Esto dejaba únicamente una infraestructura fibrosa de madera que creaba cámaras resonantes para la música. De madera que nadie quería, Stradivari produjo violines que ahora todo el mundo quiere.[7] Así como este fabricante pobre de violines transformaba basura en tesoro, solo Dios puede transformarte en lo que verdaderamente deberías ser.

---

7. Raymond McHenry, «You Are God's Stradivarius», *McHenry's Stories for the Soul* (Peabody, MA: Hendrickson Publishers, 2001), p. 290.

Solo Dios puede diferenciar pecadores de santos

En la época en que Jesús enseñaba, la amenaza más grande para cualquier agricultor tenía era que, por ira u hostilidad, alguien pudiera sembrar *cizaña* en su campo de trigo. Si sembrabas cizaña en el campo de trigo de un vecino, arruinabas toda la cosecha y le quitabas su única fuente de ingresos. Este era un delito tan grave que Roma estableció una ley que lo prohibía. Tristemente, no es posible notar la diferencia entre el trigo y la cizaña hasta que ambas plantas maduran juntas. La falsa se parece a la original.

Jesús afirma que esto puede aplicarse al reino de su Padre:

> El reino de los cielos es semejante a un hombre que sembró buena semilla en su campo; pero mientras dormían los hombres, vino su enemigo y sembró cizaña entre el trigo, y se fue. Y cuando salió la hierba y dio fruto, entonces apareció también la cizaña (Mateo 13:24-26).

Jesús identifica a quien siembra cizaña, al enemigo, como el diablo (Mateo 13:39). Satanás no es un innovador sino un imitador. Sus falsificaciones son personas. Mientras Dios siembra las buenas semillas de sus santos, Satanás siembra las malas semillas de sus pecadores.

Apariencia de justicia

En 2 Corintios 11, Pablo revela exactamente cómo actúa el falsificador principal. Primero ofrece un *salvador* falso: «El mismo Satanás se disfraza como ángel de luz» (2 Corintios 11:14). Por eso, aunque hay sectas que predican a Jesús, no es al Cristo del cristianismo el que predican.

Satanás también ofrece *siervos* falsos: «Éstos son falsos apóstoles, obreros fraudulentos, que se disfrazan como apóstoles de Cristo… Así que, no es extraño si también sus ministros se disfrazan como ministros de justicia; cuyo fin será conforme a sus obras» (2 Corintios 11:13, 15).

Lo tercero que el enemigo produce es *santos* falsos. Pablo identifica a estos «falsos hermanos» como personas que por fuera parecen ser tus hermanos, pero que por dentro son tus enemigos (Gálatas 2:4).

En Gálatas 1:8 se afirma incluso que el engañador ofrece una *salvación* falsa: «Mas si aun nosotros, o un ángel del cielo, os anunciare otro evangelio diferente del que os hemos anunciado, sea anatema». No es que los cristianos se disfracen como hijos del diablo, sino más bien que a menudo los impíos parecen justos.

Dios puede diferenciar a un pecador de un santo. Vas a encontrar a ambos tanto dentro como fuera de la iglesia. Jesús nunca pretendió que la Iglesia fuera perfecta, y nosotros tampoco debemos hacerlo. En cada iglesia hay individuos que afirman ser cristianos pero que no actúan como tales.

Solo Dios puede quitar a los pecadores de entre los santos

Sacar la cizaña de en medio del trigo no es nuestro trabajo. Debemos enfocarnos en cultivar el trigo y dejar que Dios haga la división. ¿Por qué?

En primer lugar, las raíces de las plantas tanto buenas como malas se habrán entrelazado íntimamente y aunque pudieras distinguir entre las dos, acabarías arrancando tanto el trigo como la cizaña.

Pero también el trigo que fue plantado o que germinó después madurará más tarde, y algo del trigo que todavía no ha producido espigas se confundiría con cizaña. *La división no podría llevarse a cabo hasta que la cosecha esté madura.*

Seré sincero. Al tratar de quitar la cizaña de entre el trigo, a veces la iglesia ha sido culpable de pecado, incluso hasta el punto de derramar sangre. Durante las cruzadas de la Edad Media se cometió una increíble crueldad contra los no cristianos, especialmente los musulmanes y los judíos, en el nombre de Jesús. Durante la inquisición, una innumerable cantidad de cristianos que no se sometió al dogma y la autoridad de la Iglesia Católica fue encarcelada, torturada y ejecutada.

Por esto los cristianos deberían ser los más grandes defensores de la libertad religiosa en el mundo. Debemos ser personas de compasión, no de coerción.

Es labor de Dios quitar a los pecadores de en medio de los santos.

Cuando el Segador cosecha

Podrías estar preguntándote cómo el Segador distingue el trigo de la cizaña. Lo que diferencia al uno de la otra es el fruto espiritual que llevan. La cizaña podrá ser *parecida* al trigo, pero no puede producir granos de trigo. El grano maduro siempre separará al trigo de la cizaña.

¿Eres cizaña o eres trigo?

Si eres bautista, católico, bautizado o no, religioso o no religioso, miembro de una iglesia o no, todo es irrelevante. La pregunta que importa es: ¿Eres cizaña o eres trigo? Y la respuesta puede obtenerse de otra pregunta: ¿Quién es tu Padre? Únicamente eso determinará dónde pasarás la eternidad.

Por dos mil años, el Señor ha estado sembrando generación tras generación de sus santos en el mundo. Están esparcidos por todas partes. Echan raíces, florecen, llevan fruto y dan testimonio del hecho de que Dios está en acción en todo el mundo.

Sin embargo, en un sentido espiritual todos los tallos de trigo empiezan como cizaña. Hubo una época en que tú y yo no éramos trigo; éramos cizaña. Hubo un tiempo en que tú y yo no éramos santos; éramos pecadores. Necesitábamos un Salvador que pudiera convertirnos en santos.

Convertir a un pecador en un santo es algo que solo Dios puede hacer.

Oración de esta semana: *Señor, confieso que no es mi labor juzgar entre cizaña y trigo; es tarea tuya. Anhelo ser fructífero para tu reino.*

Pregunta de esta semana: Al ser alguien que una vez fue cizaña, ¿cómo está usándote Jesús para atraer a otros a una relación fructífera con Él?

30

Un divisor divino

Pasajes bíblicos de esta semana:

- Lucas 16:19-31
- Mateo 25:31-46
- Apocalipsis 20:11-15
- Mateo 7:21-23
- 2 Tesalonicenses 1:5-10

Inversión eterna

Un hombre acomodado y su familia vivían en un vecindario lujoso y exclusivo en una comunidad rica. Según todos los indicios, se trataba de un hombre recto.

«Nunca he conocido un hombre mejor que ese —comentó alguien en la iglesia—. Seguro que es bendecido».

Por la noche, cuando el hombre volvía a su vecindario, siempre echaba un vistazo a una jovencita en la esquina de la calle con la ropa hecha jirones. Nunca se detuvo a ayudarla, pues suponía que ella usaría el dinero en licor barato o heroína. Después de todo, razonaba el sujeto, la muchacha podía conseguir un trabajo si quisiera hacerlo.

Años después, el hombre y la joven murieron a la misma hora, él en un choque de autos y ella por exposición al frío. La joven fue a la presencia de Dios y el hombre, al tormento eterno.

Cuando el hombre reconoció al apóstol Pablo en el borde entre el cielo y el infierno, suplicó misericordia.

—Lo siento —contestó Pablo—. Ya tuviste el cielo en la tierra mientras que la mujer a la que hiciste caso omiso vivía en el infierno.

—Entonces Pablo, te ruego que la envíes a hablar con mi familia. Haz que les advierta.

—Pero ellos oyen el evangelio predicado todos los domingos

—respondió Pablo—. Conocen los mandamientos de cuidar a los pobres, las exhortaciones a la generosidad y la historia del buen samaritano.

—Pero será más poderoso si oyen el mensaje de alguien que ha regresado de los muertos.

—Ya lo han oído —expresó Pablo.

Nuestra salida final

El otro día pregunté a mi madre de noventa y tres años de edad si temía morir. Me dio una respuesta que oigo muy a menudo: «No temo a la muerte en sí. Solo a lo desconocido. Lo haces una sola vez, así que no puedes practicarlo».

Jesús contó la historia del hombre rico y Lázaro para aclarar *algo* de lo que es desconocido (Lucas 16). Los dos hombres en la historia eran distintos en muchas formas. Eran diferentes en sus *posiciones*. A los ojos de la sociedad, uno era alguien y el otro un don nadie. Eran diferentes en sus *posesiones*. Uno era multimillonario y el otro un mendigo. Eran diferentes en sus *pasiones*. Uno amaba el oro y el otro amaba a Dios. Estas diferencias determinaron sus destinos opuestos.

Nadie logra determinar cómo entrar a este mundo. No llegas a determinar dónde nacer, cuándo nacer y ni siquiera el color de tu piel. Lo que sí llegamos a determinar es cómo *salir* de este mundo. No logras determinar tu entrada, pero sí logras determinar tu salida.

Pero no tomas esa decisión en el momento en que exhalas tu último aliento. Más bien, *la decisión de hoy determina el destino de mañana*.

Vida recta

El primer hombre en la historia es rico. El tiempo verbal usado aquí indica que este ricachón se vestía todos los días de púrpura. Tenía otras ropas, pero la púrpura era la ropa más costosa que se podía comprar, y solamente la gente más acaudalada podía pagarla. En otras palabras, este hombre vestía todos los días un traje de tres mil dólares hecho a la medida. Estaba obsesionado con la ropa. Quería que todos supieran que estaba forrado de dinero.

Luego Jesús presenta al pobre Lázaro. No podía caminar. Tenía el cuerpo cubierto de llagas. Estaba hambriento, demacrado, enfermo y en todo era completamente lo contrario del hombre al otro lado del portón.

Pero la diferencia *principal* entre estos dos hombres no estaba en que uno fuera rico y el otro pobre. Una lectura rápida a la historia podría darte la impresión de que un hombre fue condenado porque era rico, y que el otro fue elogiado porque era pobre. Sin embargo, Dios no premia la pobreza ni castiga la prosperidad. No es un defecto ser rico ni una virtud ser pobre.

Lo que diferenciaba a estos dos hombres no era lo que poseían sino lo que los poseía.

El pobre tenía algo que el rico no tenía: *un nombre*. Esta es la única historia que Jesús cuenta donde uno de los protagonistas tiene nombre. A este individuo, Dios le da un nombre porque ese nombre es importante.

El nombre «Lázaro» significa «aquel a quien Dios ayuda» o «en Dios confío». Lázaro tenía una relación con Dios.

Mira hacia delante

Cuando los dos hombres mueren, todo cambia al instante. Lázaro, que no tenía más que a Dios, ahora lo tiene todo. El hombre rico, que tenía todo menos a Dios, ahora no tiene nada. Al cuerpo de Lázaro ni siquiera se le dio una sepultura decente. En aquella época, los pobres eran lanzados a un basurero llamado Gehena, donde quemaban sus cuerpos. Los ricos eran enterrados en las tumbas más finas disponibles, los ungían con los perfumes más costosos y los envolvían en las mortajas más caras.

Lázaro murió y fue llevado por los ángeles al lado de Abraham. Los oyentes judíos entenderían que eso significaba «paraíso». La costumbre en esa época era sentar a los invitados más honrados y respetados al lado del anfitrión. El lugar más honrado que un judío podía tener era al lado de Abraham, el padre de la raza judía. El pobre Lázaro no tuvo un gran funeral, ¡pero tuvo porta féretros increíbles!

Las personas no están preparadas para encontrarse con Dios porque espiritualmente son muy miopes. Solo pueden ver lo que respecta al hoy, no miran hacia delante al futuro. No obstante, *la decisión de hoy determina el destino de mañana.*

Escucha a Dios

Se nos informa específicamente que Lázaro fue «consolado». No más hambre: este hombre está cenando a la mesa de Dios. No más enfermedad: fue curado de manera permanente. No más pobreza: camina por calles de oro rodeadas con puertas de perlas. No más indigencia: está viviendo en una habitación construida expresamente por el Maestro carpintero. No más soledad: ahora vive de forma permanente con un amigo que es más unido que un hermano.

¿El hombre rico? Esa es otra historia. Se nos dice que este hombre es torturado y atormentado.

Un maestro estaba contando una historia acerca del hombre rico y Lázaro de una Biblia para niños. Señaló que un hombre era rico y el otro era pobre mientras estaban en esta tierra. Indicó que después que murieron, un hombre fue a estar con Dios y el otro fue a vivir sin Dios.

—Muy bien niños, ¿quién les gustaría ser? —preguntó una vez terminada la lección—. ¿El hombre rico o Lázaro?

Un chico de mente rápida levantó la mano.

—Me gustaría ser el hombre rico mientras estoy vivo, y Lázaro cuando esté muerto —contestó.

Eso es lo que todos quisiéramos, pero no funciona de ese modo. La decisión de hoy determina el destino de mañana. Empieza ahora mismo a vivir para Dios, a mirar a Dios y a escuchar a Dios, que es la única vida que importará tanto hoy como mañana.

Oración de esta semana: *Señor, gracias por tu Palabra, la cual nos guía a toda verdad. Alienta mi corazón para recibir y responder hoy a tu evangelio.*

Pregunta de esta semana: ¿Dónde estás en esta historia? ¿Conoces íntimamente a Dios, como Lázaro, o es este un llamado de alerta para ti?

Jesús, el Maestro

Los eruditos debaten casi todo acerca de quién era Jesús y qué hizo. Pero todos coinciden en que fue un maestro magistral. Él habló con una comprensión de la espiritualidad y una profundidad filosófica que sigue deslumbrando las mentes de las masas. Su enseñanza aborda los problemas más urgentes de la vida y nos ayuda a abrirnos paso a través de las dificultades. El secreto está en contemplar de nuevo las frases conocidas de Jesús y su extraordinaria sabiduría.

31

Vuelo en espera

Pasajes bíblicos de esta semana:

- Mateo 7:1-6
- 1 Corintios 2:14-16
- Juan 12:44-50
- Romanos 2:1-11
- Romanos 14:1-12

Primeras impresiones

Dos hombres jóvenes entran a la iglesia. Ambos tienen la misma edad: veintidós; igual altura, igual peso e igual constitución física.

El primer joven, de porte limpio y recién afeitado, entra vestido con una camiseta polo de manga larga cuidadosamente alisada, pantalones recién planchados y zapatos de última moda. El segundo entra usando una camiseta común, pantalones vaqueros azules con más rotos que bolsillos, chancletas, tatuajes en ambos brazos, un anillo en la nariz y cabello color anaranjado.

Si somos sinceros, de inmediato la mayoría de nosotros miraría al primer tipo y pensaría: *Este joven debe conocer a mi hija (o a mi hermana).* Y miraría al segundo y pensaría: *Este debe conocer a Jesús.*

Olvidé decirte que el primer joven es ateo, vive con una novia y es adicto a la pornografía. El segundo está apasionadamente comprometido con Jesucristo, vive en pureza y quiere ser misionero.

En un libro titulado *Casi cristiano*, David Kinnaman describe por qué la iglesia no está alcanzando a la siguiente generación. Cuando se les pidió a jóvenes entre diecinueve y veinticinco años que dieran su percepción del cristianismo, los tres primeros aspectos que enumeraron fueron: anti-homosexual, crítico e hipócrita. Estudios demuestran que casi el sesenta por ciento de los estadounidenses entre dieciocho y veinticinco años de edad han alterado en gran manera su apariencia en algún momento de sus vidas usando tatuajes, tiñéndose el cabello con un color poco tradicional o perforándose el cuerpo en un lugar distinto al lóbulo de la oreja.[8]

En lugar de sentirse bienvenidos, los jóvenes se han sentido criticados por la iglesia.

Juzgar o no juzgar

Si somos sinceros, todos nos hemos sentado en la silla de juzgar, y también nos hemos sentado en la silla de los juzgados.

Tal vez, en algún momento de tu vida, saliste de la iglesia a causa de un crítico autoritario. Si ese es el caso, lo siento mucho. Después de expresar esto, es fundamental entender lo que dice la Biblia y lo que no dice en cuanto a ser críticos.

Todo el mundo sabe que Dios entregó a Moisés los Diez Mandamientos. Hubo una época en que esos mandamientos podían levantarse en alto en tribunales y escuelas de toda esta nación. Pero estamos viviendo en una era en que muchos han añadido un undécimo mandamiento. No lo observarás colgado en paredes, pero se pregona en edificios, aulas universitarias, colegios y clubes de toda esta nación. Nuestro mandamiento favorito se ha vuelto: *No juzgarás*.

Esta advertencia, pronunciada por Jesús en Mateo 7:1, es probablemente el versículo más mal entendido, mal utilizado y mal aplicado de toda la Biblia. Lo llamo «la cita bíblica favorita del mundo». Por desdicha, la mayoría de personas no comprende lo que Jesús quiso decir. Por eso es que paso a explicar su significado. Lo que Él dice podría sorprendente, porque si le preguntaras a Jesús: «¿Debemos juzgar o no?», su respuesta sería: «Depende». Hay una manera en que podemos juzgar sin ser críticos.

Elimina el juicio inadecuado

La palabra que Jesús usa para «juzguéis» es la expresión griega *krino*, que significa «discriminar» o «influir». Aquí significa ofrecer una crítica que sea injusta o injustificada. Ya que fueron pronunciadas en el Sermón del Monte, estas palabras estaban dirigidas a los discípulos de

---

8. David Kinnaman y Gabe Lyons, *UnChristian* (Grand Rapids, MI: Baker Books, 2007), pp. 182, 187. Publicado en español por Casa Creación con el título *Casi cristiano*.

Jesús. Lo que Él quiso decir fue: «Ustedes deben ser lo menos críticos en cuanto a las personas, y sin embargo deben luchar por ser quienes más discernimiento tengan».

Muy a menudo nos preocupamos más por la parte exterior de una persona que por la parte interior. Si no nos gustan los tatuajes, juzgamos a las personas que los usan. Si no bebemos, juzgamos a quienes lo hacen. Si usamos cierta clase de ropa en la iglesia, juzgamos a los que no las usan. Se ha dicho con razón: «Nunca confundas el momento con el hombre». No hagas juicios a la ligera, y no juzgues solo por una primera impresión o únicamente por las apariencias.

Es importante observar que hay una diferencia entre confrontar un pecado y condenar al pecador. No todo juicio es equivocado. Una regla general, útil para discernir esa línea delgada entre confrontar un pecado y condenar al pecador, es que la Palabra de Dios es una guía confiable. Si utilizas otra norma, estás siendo crítico. Sin embargo, no está mal llamar malo a *lo malo* cuando Dios lo llama malo.

Participa en el juicio propio

Jesús presiona más al preguntar a sus discípulos: «¿Y por qué miras la paja que está en el ojo de tu hermano, y no echas de ver la viga que está en tu propio ojo?» (Mateo 7:3).

Si hubieras estado entre los que escuchaban a Jesús, te habrías muerto de la risa. El cuadro pintado en este caso es sencillamente divertido. Aquí está un hombre mirando fijamente hacia abajo una astilla en el ojo de alguien, mientras una viga sobresale de su propio ojo. ¿Sabes qué es una astilla? Solo un pedacito de madera. Jesús dijo que debemos criticar cualquier falta que tengamos en nuestra propia vida. Tendemos a ver una astilla en el ojo de alguien como un tronco, mientras vemos como una astilla al tronco que tenemos en nuestro ojo.

Si quieres ver cómo luces, mírate en un espejo. Si quieres ve cómo luce alguien, mira por la ventana. Jesús está diciendo que debemos pasar más tiempo mirando el espejo y menos tiempo mirando por la ventana. La próxima vez que veas una astilla en la vida de otra persona, mira la viga que está en la tuya. Recuerda, la astilla solo es parte de la viga. Lo que ves en otros es solo un reflejo de lo que ves en ti.

Valida el juicio justo

Jesús usa la palabra *hipócrita* (Mateo 7:5), una de las tres cosas que los jóvenes de hoy piensan cuando oyen la palabra *cristiano*.

Un hipócrita es alguien que mira por la ventana, pero nunca se mira en el espejo. Jesús no dijo: «Está mal que mires por la ventana». Lo que está diciendo es: «Siempre mírate primero en el espejo». La mayoría de las personas no entiende lo que Jesús dijo porque trata de hacer que diga algo que *no* dice, mientras no lo oye decir algo que *sí* dice.

Lo que Jesús estaba diciendo era que cuando encontremos a alguien en necesidad de corrección, primero debemos mirar la viga y luego tratar con la astilla. Mírate primero en el espejo y luego mira por la ventana. Jesús no está prohibiendo el juicio que se hace en el momento oportuno, en el lugar adecuado, del modo correcto, con el espíritu apropiado. Una de las características de una persona espiritual es que sabe cómo juzgar correctamente. En 1 Corintios 2:15 se afirma: «El espiritual juzga todas las cosas». No está mal confrontar a una persona que tiene pecado en su vida.

El juicio de Dios intenta acercarnos más a Él. Jesús murió en la cruz y resucitó de los muertos para que pudiéramos escapar del juicio final. Acude a Aquel que no quiere ser tu juez sino tu Señor y Salvador.

Oración de esta semana: *Señor, enséñame a verme y a ver a otros claramente, a fin de que pueda estar más consciente de mi propio pecado y más apasionado en cuanto a tu gracia por pecadores como yo.*

Pregunta de esta semana: ¿Cuál es la «viga» que ves más a menudo en otros? ¿Indica esto cuál es tu propia «astilla»?

32

Un guerrero de oración

Pasajes bíblicos de esta semana:

- Mateo 6:5-8
- Romanos 8:26-30
- Santiago 5:13-18

- Salmos 141:1-2
- Salmos 4:1-5

¿Me oyes ahora?

Si eres como yo, teléfono celular en mano y con la presión sanguínea que se te sube, has pronunciado estas frustrantes palabras: «¿Puedes oírme ahora?».

¿Te has sentido alguna vez así respecto a la oración? ¿Te has preguntado alguna vez si Él te está oyendo? ¿Te has preguntado alguna vez si, al igual que las llamadas telefónicas, tus oraciones se caen?

La oración es la lucha más grande que tengo en mi vida cristiana. Es difícil mantener una vida constante de oración y, en especial, a veces es difícil mantener la convicción de que esto haga algún bien.

¿Te has sentido alguna vez así?

La oración no viene de manera natural para la mayoría de personas. Con frecuencia la intercesión se siente como una *batalla* y una *bendición*. Sé que se supone que la oración sea un diálogo, pero a menudo se siente como un monólogo. No hay nada peor que tratar de mantener una conversación con alguien que no responde.

Todos estamos buscando el descifrador de códigos, la manera para romper la caja fuerte de Dios. A la gente no le gusta poner esto de modo crudo, pero he aquí lo que realmente estamos pidiendo acerca de la oración:

«¿Cómo puedo orar para que Dios me conceda lo que deseo?».

Lo bueno es que, aunque hagamos la pregunta equivocada, Dios aún está dispuesto a darnos la respuesta correcta.

Lección digna de aprender

Un estudiante de doctorado en la Universidad Princeton entró una vez a la oficina de Albert Einstein.

—¿Qué queda en el mundo para investigar como tesis original? —preguntó.

—Averigua acerca de la oración —contestó el brillante científico—. Alguien debe averiguar respecto a la oración.[9]

Einstein no era el único con curiosidad en cuanto a la oración. Jesús también enseñó respecto a ella, y lo hizo porque los discípulos le *pidieron* que lo hiciera. Tal vez ellos no habían estado interesados en producir una tesis sobre la oración, pero querían saber *cómo* orar. Esta es la única ocasión en la Biblia en que una persona enseña explícitamente a otra cómo orar. Todo resultó de una petición de los discípulos.

> Aconteció que estaba Jesús orando en un lugar, y cuando terminó, uno de sus discípulos le dijo: Señor, enséñanos a orar, como también Juan enseñó a sus discípulos (Lucas 11:1).

Los discípulos habían estado viendo orar a Jesús. Habían estado escuchando orar a Jesús. Es evidente que la manera en que Él oraba era tan diferente del modo en que ellos oraban, que manifestaron: «No estamos haciéndolo bien. Algo no está funcionando».

Entonces acudieron a Jesús y le pidieron: «Muéstranos cómo hacer lo que tú haces. Muéstranos cómo orar del modo en que oras».

Ora en secreto

Es sorprendente que lo primero de lo que Jesús habla no es de *cómo* orar sino de *dónde* orar (Mateo 6:5-6). Sé que eso podría parecerte extraño, porque todos sabemos que puedes orar en cualquier parte. ¡Podrías orar maquillándote mientras viajas por la autopista hablando por tu teléfono celular!

---

9. *Leadership Journal* (invierno 1983), p. 43.

El primer consejo que Jesús brinda sobre la oración es hacerla en privado.

En el primer siglo, a los fariseos (legalistas ultraconservadores y fundamentalistas que veían a Dios en términos de reglas, regulaciones y religión) les gustaba orar en dos lugares: en la sinagoga y en las esquinas de las calles.

El momento que escogían era perfecto. Cada tarde se ofrecían sacrificios en el templo. Al mismo tiempo, cada día sonaba una trompeta que indicaba la hora de orar. Dondequiera que estuvieras e hicieras lo que hicieras, se esperaba que te detuvieras y oraras. Los fariseos, a quienes les encantaba mostrar lo piadosos que eran, se dieron cuenta de que este era un gran momento para exhibir su espiritualidad, balbuceando en voz suficientemente alta para que todos pudieran oír.

Jesús no estaba condenando la oración pública. La Biblia está llena de oración pública, y la mayoría de las oraciones registradas en la Biblia se hizo delante de otras personas. Lo que Jesús estaba señalando era a no orar para hacer un espectáculo. La oración no es para impresionar a la gente sino para interactuar con Dios.

Ora con sinceridad

Jesús indicó que la oración verdadera, la oración que consigue la atención, la oración que honra a Dios, la oración que satisface al cielo, no se pronuncia únicamente en secreto sino que se la eleva con *sinceridad*.

Jesús añade que el Padre recompensa lo que se hace en secreto. Dice que *el secreto fomenta la sinceridad*. Dios sabe que cuando sacas tiempo para ir a un lugar secreto y estar a solas con Él, eres sincero respecto a lo que estás haciendo. Cuando estás en ese lugar secreto, no hay ovación y nadie aplaude tu actuación religiosa, es decir, lo hábil que eres al hablar con Dios.

Si tienes algo sumamente sensible e importante de lo cual hablar con alguien, podrías convidar: «Debemos encontrar un lugar donde podamos hablar». Deseas asegurarte de que serás escuchado y quieres asegurarte de que escucharás. Cuando te cierras al ruido de este mundo, maximizas tu capacidad de oír a Dios. Esto le muestra a Dios que estás tomando con la mayor seriedad tu relación con Él.

¿Tienes ese lugar secreto? ¿Tienes ese lugar diseñado donde puedes estar a solas con Dios?

Puede ser cualquier parte. Puede ser tu clóset, tu sótano, tu cuarto de huéspedes, pero debes tener un lugar de encuentro donde vas y muestras seriedad con Dios.

Ora de forma específica

Jesús va un paso más allá, diciéndonos cómo *no* orar.

Y orando, no uséis vanas repeticiones, como los gentiles, que piensan que por su palabrería serán oídos (Mateo 6:7).

La palabra para «oídos» significa «tomados en serio». En otras palabras, Dios no se conmueve por la cantidad de nuestras palabras.

Podrías muy bien resumir de este modo la mayoría de las oraciones: «Dios, gracias por tus bendiciones. Sigue bendiciéndome, por favor. Si continúas bendiciéndome, seguiré agradeciéndote por tus bendiciones. Amén».

Pero Jesús señala que lo que hace que Él te escuche la oración no es lo mucho que le digas a Dios; lo que capta su atención es cómo expresas lo que dices.

No os hagáis, pues, semejantes a ellos; porque vuestro Padre sabe de qué cosas tenéis necesidad, antes que vosotros le pidáis (Mateo 6:8).

La oración no consiste principalmente en decirle a Dios lo que necesitas o deseas. El propósito de orar es acercarte y profundizar en tu relación con Él.

Es casi como si Dios estuviera diciendo: «No me traigas tu lista de compras. Ya sé lo que hay en ella. Nos encargaremos de eso más adelante. Tráeme tu corazón. Tráeme tu amor. Tráeme toda tu atención. Tráeme tu afecto puro».

Es decir, la oración no consiste principalmente en obtener cosas *de* Dios sino en pasar tiempo *con* Dios.

Oración de esta semana: *Señor, enciende mi pasión por crecer en intimidad contigo. Esta semana te traigo mi corazón. Te traigo mi amor. Te traigo toda mi atención.*

Pregunta de esta semana: ¿Dónde está el espacio físico en que puedes compartir secretos con Dios?

33

Enfocado en el Padre

Pasajes bíblicos de esta semana:

- Mateo 6:9-10
- Efesios 5:15-20
- Santiago 4:13-17

- Romanos 15:8-15
- Hebreos 10:32-39

Cómo deberías orar

Cuando se construyen nuevas urbanizaciones, a menudo presentan una casa modelo que puedes recorrer para que tengas una idea del tipo de vivienda que tendrás si compras en ese vecindario. Si quieres saber cómo se ve una casa de ese constructor y sentir cómo sería vivir allí, puedes entrar a una de esas casas modelo.

La oración que Jesús enseña a sus discípulos es un *modelo* de oración. Su grupo lo había oído orando en innumerables ocasiones y le pidió que les enseñara a orar. ¡Y Él hizo lo que le pidieron! Jesús dijo que si quieres orar de tal modo que sepas que tu oración será eficaz y que Dios te oirá, esta es la manera de hacerlo. Jesús no dijo que esto es «lo que debemos orar». Dijo que así es «*como* debemos orar».

Este pasaje, hallado en Mateo 6:9-15 y comúnmente conocido como el Padrenuestro, no es un hechizo o fórmula mágica. Jesús no está diciendo que estas palabras que puedes recitar de manera mecánica sean lo único que se deba orar. Dicha oración es un patrón que establece algunos principios que nos enseñarán a orar. No es una oración mecánica sino un modelo de oración.

Enfócate en adorar al Padre

Las dos primeras palabras habrían sorprendido a la multitud que escuchaba a Jesús ese día. No existe evidencia de que alguien antes de Jesucristo usara alguna vez el término *Padre* para dirigirse a Dios. Catorce veces se hace referencia a Yahvé como «Padre», pero siempre en relación a la nación de Israel. Nunca a un individuo. No obstante, Jesús llamó «Padre» a Dios más de sesenta veces en sus propias oraciones. La expresión que Jesús usaba a menudo era la palabra aramea *abba*, que significa «papá» o «papito». Si eres un hijo de Dios, puedes espiritualmente escurrirte hasta su regazo, poner tus brazos alrededor de su cuello, llamarlo «papito» y hablarle exactamente como un niño habla con su padre.

Dios no solo es un Padre personal; es un Padre *poderoso*. El versículo 9 sigue diciendo que Él es nuestro Padre «en el cielo». Podrías preguntar: «¿Dónde está Dios cuando suceden cosas malas a gente buena? ¿Dónde está Dios cuando ves las olas de la injusticia alzarse sobre las costas de nuestros tribunales? ¿Dónde está Dios cuando mueren bebés inocentes y criminales culpables quedan en libertad?». La respuesta es: Él está en el cielo y nada se escapa a su atención.

Jesús añade: «Santificado sea tu nombre» (Mateo 6:9). Santificar el nombre de Dios significa «honrarlo», asegurarnos de que recibe el respeto que merece. A menudo me pregunto: *¿Honrará el nombre de Dios la oración que estoy a punto de pronunciar?*

Enfócate en la voluntad del Padre

Luego Jesús ora: «Venga tu reino. Hágase tu voluntad, como en el cielo, así también en la tierra» (Mateo 6:10).

El reino es un lugar donde un rey gobierna y reina. Cuando pides que venga el reino de Dios, estás pidiendo que Dios se siente en el trono de tu corazón y de tu vida para que su voluntad se haga en ambos lugares.

Esta es la parte más difícil de esta oración. La prioridad máxima de la oración no es conseguir que Dios haga lo que quieres, sino conseguir que Dios haga lo que Él quiere.

Es por tal razón que esta parte de la oración es difícil. Antes de pedir algo, antes que le digas lo que quieres, antes que le digas lo que necesitas, di en primer lugar: «Tomo mis planes, mis ambiciones, mis objetivos, mis agendas, mis deseos y lo rindo todo ante ti».

No puedes seguir adelante con Dios en ninguna oración hasta que tengas resuelto este asunto. Antes que consigas tus anhelos, tus deseos, tu agenda, tienes que ir ante Dios y expresar: «Quiero que se haga tu voluntad».

Tu mejor oración

Buscar la voluntad de Dios por sobre la nuestra no es fácil. ¡Ni siquiera fue fácil para Jesús!

¿Sabías que la única ocasión en que la Biblia informa que Jesús lucha en oración fue en el huerto de Getsemaní? ¿Cuál era su lucha? Él luchó por la voluntad de Dios, y no podía ir a la cruz hasta que finalmente le declaró a Dios: «No se haga mi voluntad, sino la tuya».

La dificultad viene a nuestras vidas cuando no oramos esta parte de la oración. El problema viene cuando nos enfocamos en nuestra voluntad y no en la de Dios. Allí es cuando los matrimonios se desmoronan. Es entonces cuando las decisiones salen mal. Ahí es cuando experimentas el tipo de fracaso moral que puede ocasionarte increíble culpa.

La mejor oración que alguna vez puedes expresar por cualquier persona, en cualquier situación, en cualquier tiempo, en cualquier lugar, es la oración: «Que se haga tu voluntad». ¿Sabes por qué? Porque la voluntad de Dios siempre es la correcta y lo mejor por lo cual orar.

El propósito de la oración no es lograr que se haga tu voluntad en el cielo; es ver que se haga la voluntad *de Dios* en tu corazón. No se trata de hacer que Dios se acomode a tus deseos, sino de ayudarte a que te acomodes a los deseos de Él.

La oración cambia las cosas

Cuando rindes tu voluntad a la de Dios, descubres que la oración te cambia. Tus oraciones también cambiarán. Por eso es que es muy importante entrar todos los días a ese lugar secreto y rendir tu voluntad a la suya. Ni siquiera salgas del lugar de oración hasta que estés totalmente rendido a Jesucristo. Sin rendirte, nada cambiará en tu vida. Nada cambiará la perspectiva de tu vida. Nada cambiará el propósito de tu vida. Nada cambiará la prioridad de tu vida como estar completamente rendido a la voluntad de Dios.

Al orar queremos saber que Dios nos oye. Él declara: «Antes que nada quiero tu adoración. Céntrate en quien soy, dónde vivo y qué deseo, porque entonces querrás hacer mi voluntad». Nunca experimentarás el poder y el gozo de orar a menos que estés dispuesto a encontrar y hacer la voluntad de Dios.

Te animo a que, quizá durante el próximo mes, tomes los primeros cinco minutos de cada día y le brindes a Dios tu adoración. Enfócate en quién es Él, dónde vive y qué quiere. Ríndete a su voluntad y observa cómo Dios cambia tu vida.

Oración de esta semana: *Señor, calla las voces en mi corazón que solo tienen que ver conmigo. Inclina mi rostro hacia el tuyo para que pueda darte la bienvenida con adoración, reconociendo quién eres.*

Pregunta de esta semana: Cuando miras hacia Dios, ¿cómo ves que Él te invita a hacer su voluntad en la tierra?

34

El que provee

Pasajes bíblicos de esta semana:

- Mateo 6:11-13
- Santiago 1:12-15
- Hechos 17:22-25

- Salmos 66:16-20
- Filipenses 4:14-19

Aprendamos a orar

Según la última encuesta Gallup, más estadounidenses orarán esta semana de lo que harán ejercicio, conducirán un auto, tendrán sexo o irán a trabajar. Alrededor del noventa por ciento de nosotros oramos con regularidad y el setenta y cinco por ciento oramos todos los días.[10]

Toda fe y toda religión tienen alguna forma de oración. A través de la historia se ha descubierto que hasta las tribus más remotas presentan ofrendas y oran a sus dioses por las mismas cosas que nosotros oramos. Los antiguos incas y aztecas incluso sacrificaban seres humanos tratando de atraer la atención de los dioses. Los musulmanes devotos dejan cualquier cosa que estén haciendo para orar cinco veces al día. Los budistas tienen sus ruedas de plegarias. Millones de personas en grupos de Alcohólicos Anónimos oran todos los días a un poder superior, suplicándole que les ayude a vencer su adicción. Philip Yancey escribe: «Oramos porque lo único que podemos hacer es orar».[11]

Oramos porque tenemos problemas que solo Dios puede resolver, preguntas que solo Dios puede contestar y necesidades que solo Dios puede satisfacer. Es por eso que debemos aprender a abrirnos a Dios en nuestra vida de oración.

---

10. George H. Gallup hijo, *Religion in America* (Princeton, NJ: Princeton Religion Research Center, 1996), pp. 4, 12, 19.

11. Philip Yancey, *Prayer* (Grand Rapids, MI: Zondervan, 2006), p. 13.

Y cuando aprendemos *de Jesús* cómo orar, obtenemos la confianza de que Dios *escucha* nuestras oraciones. Él me oye cuando oro por ti, y te oye cuando oras por mí.

Pide a Dios que provea para tus necesidades

Al seguir analizando la oración que Jesús enseña a sus discípulos, hay un cambio en el énfasis en las dos últimas palabras de Mateo 6:11: «Dánoslo hoy». La primera parte de la oración se centra en Dios y su naturaleza. Ahora el enfoque cambia a nosotros y nuestras necesidades.

Cuando yo era niño, la Navidad tomó un nuevo significado para mí cuando por fin pude ganar mi propio dinero para comprar regalos. Hasta entonces papá y mamá me habían dado dinero para comprarles sus regalos de Navidad. Siendo niño yo hacía lo que muy a menudo los adultos suelen hacer con gran parte de lo que Dios nos concede: ¡en lugar de usarlo para bendecir*los*, lo utilizaba para bendecir*me*! Yo le compraba a cada uno una larga sarta de bolas de chicles y una barra de chocolate porque sabía que ellos terminarían regalándomelos de nuevo. (¡En contra de mi queja, papá se comía la barra de chocolate!).

Para muchos que nos gusta *recibir*, nuestra palabra favorita en el Padrenuestro es *dánoslo*.

Sin embargo, podrías protestar, eso fue expresado por Jesús. En realidad, existe una lógica para su disparate, porque siempre que le pides un regalo a alguien, estás reconociendo que:

1. Esa persona es la dueña.
2. Tú necesitas lo que pides.
3. No tiene obligación de dártelo.
4. No lo mereces.

La palabra «dánoslo» nos recuerda cómo es en realidad nuestra relación con Dios: dependemos por completo de Él y Él es totalmente independiente de nosotros.

¿Qué pedir?

Entonces, ¿qué vale la pena pedir?

Jesús dice que vale la pena pedir *pan*.

En la mente hebrea el pan era indispensable para sustentar la vida. Al pan se le consideraba tan sagrado en el Oriente Medio que, al servirlo, se lo partía, no se hacían rodajas. De ahí es que obtenemos la expresión «partir el pan». Aquí pan representa todo lo que necesitamos para satisfacer nuestras necesidades.

Jesús estaba enseñándonos que no está mal pedir a Dios que supla las necesidades que tenemos en nuestra vida.

Esta oración no tiene nada que ver con nuestros deseos. Le estamos pidiendo a Dios que nos dé pan, no pastel. Dios ha prometido satisfacer nuestras necesidades; no ha prometido satisfacer nuestra codicia. Podríamos querer pastel, pero lo que tal vez necesitamos es pan. La oración de Jesús nos enseña que Dios suple nuestras necesidades un día a la vez. Dios no provee para las necesidades de mañana. Él nunca llega tarde. Dios no provee hoy para las necesidades de mañana. Él nunca llega muy pronto.

Sea que tengamos un poco de pan o mucho pan, estas pocas palabras nos enseñan a ser *agradecidos*. Se nos anima a recordar de dónde viene toda dádiva. Así le dijo el apóstol Pablo a un gentío pagano en Atenas: «[Dios] es quien da a todos vida y aliento y todas las cosas» (Hechos 17:25).

Pide perdón a Dios por tus pecados

Solo dos obstáculos pueden interponerse entre Dios y nosotros.

Uno es el pecado no confesado. El salmista declara: «Si en mi corazón hubiese yo mirado a la iniquidad, el Señor no me habría escuchado» (Salmos 66:18). De ahí que debamos orar: «Perdónanos nuestras deudas». El verbo *perdonar* significa «cancelar una deuda». El pecado es una deuda. Existimos para adorar y obedecer a Dios. Cuando no lo hacemos, tenemos una deuda de pecado con Dios.

El único remedio para esta deuda es declarar bancarrota espiritual, ir a una convocatoria espiritual de acreedores y permitir que alguien pague la deuda. Esto es exactamente lo que Jesucristo hizo en la cruz. Cuando el Señor murió en la cruz y pagó por nuestros pecados, nos ofreció la capacidad y el derecho de ir delante de Dios y decirle: «Perdónanos nuestras deudas».

Además de pecado, el otro obstáculo que se interpone entre Dios y nosotros es un espíritu que no perdona. Por tanto, sigamos orando: «Como también nosotros perdonamos a nuestros deudores» (Mateo 6:12).

Cuando oramos estas palabras, estamos pidiéndole perdón a Dios *en la misma manera que perdonamos a otros*. ¡Es peligroso orar por orar! Si no estás dispuesto a perdonar las deudas de otros, en realidad estás pidiéndole a Dios que no te perdone. Esa no es una oración que querrás que Dios responda.

Pídele a Dios que proteja tu pureza

Cuando Jesús nos enseña a orar, podría parecernos una extraña petición que no se nos meta en tentación y que se nos libre del mal. ¡Obviamente un Dios santo nunca metería a su pueblo en una situación en que se vuelva impuro! Santiago 1:13 expresa: «Cuando alguno es tentado, no diga que es tentado de parte de Dios; porque Dios no puede ser tentado por el mal, ni él tienta a nadie».

Podríamos parafrasear de este modo la oración de Jesús: «Señor, no permitas que me meta en una situación que me abrumaría y me haría pecar, sino más bien líbrame de la tentación, del mal y de todas las trampas que el diablo me pondrá».

Existe una razón para que «no nos metas en tentación» siga a «perdónanos nuestras deudas». ¿Cuántas veces hemos tenido que ir ante Dios y confesar el mismo pecado una, y otra y otra vez? Creo que si pasáramos más tiempo pidiéndole a Dios que nos libre de la tentación, pasaríamos menos tiempo pidiéndole que perdone nuestros pecados.

Tenemos que ir ante Dios, reconocer nuestras necesidades y pedirle que supla esas necesidades. Cuando oras, permites que Dios sea quien luche. La oración no solo es para la defensa; también es para la ofensiva.

Oración de esta semana: *Señor, no permitas que me meta en una situación que me lleve a pecar; líbrame del mal y de toda trampa que el diablo me ponga.*

Pregunta de esta semana: ¿Qué necesitas hoy? ¿Estás confiando en que Dios provee para tus necesidades un día a la vez?

35

El principio del tesoro

Pasajes bíblicos de esta semana:

- Mateo 6:19-24
- Marcos 10:23-27
- Lucas 18:18-26
- 1 Timoteo 6:17-19
- Lucas 6:38

Últimos planes

Había estado retrasándolo por un buen tiempo. Sobre todo, simplemente no quería tratar con la situación. Hace poco Teresa y yo por fin tomamos la iniciativa. Pensé que sería algo muy lamentable, pero en su lugar fue un ministerio. Cuando los resultados de nuestros esfuerzos llegaron por correo, abrí el paquete y leí las palabras en la primera página: «Última voluntad y testamento».

El concepto del testamento se remonta a casi cinco mil años. En el pasado, la palabra *voluntad* se utilizaba para especificar bienes raíces que una persona dejaba a otras, mientras que *testamento* se usaba para identificar las pertenencias personales que un individuo quería dejar a sus seres amados y amigos. Hoy día las dos palabras se refieren a cualquier cosa que se deja.

Lo llamamos la «Última voluntad y testamento» porque no vamos a durar. Un día habremos consumido nuestra última comida, habremos leído nuestro último libro, tenido nuestro último beso y pronunciado nuestra última palabra. Así que evaluamos todo lo que nos pertenece y decidimos qué hacer con eso. No obstante, cuando hagamos un balance de todo lo que llamamos «mío», descubriremos, si no lo hemos descubierto ya, que nada es *realmente* nuestro.

Controlar o ser controlado

La Biblia habla de dinero más de ochocientas veces. Y a menudo sorprende a la gente saber que el quince por ciento de todo lo que Jesús dijo se relacionó directamente con dinero y finanzas. Jesús habló más de dinero que del cielo y el infierno combinados. ¿Por qué? Porque no puedes separar tu fe de tus finanzas.

Una de dos cosas va a suceder con todo lo que crees que tienes hoy día, todo lo que piensas que es de tu propiedad: o vas a perderlo mientras vives, o vas a dejarlo una vez que mueras. Es por eso que Jesús enseñó lo que llamo el «principio del tesoro», que se encuentra en Mateo 6:19-24.

El principio del tesoro no tiene tanto que ver con *dar* tu dinero como con *manejarlo*. En la Biblia hay mucho más acerca de administrar tu dinero que de dar tu dinero. El principio del tesoro viene directamente de los labios de Jesús y es probablemente el consejo financiero más brillante que jamás te darán: *no puedes manejar tu dinero a menos que controles tu dinero*. Por eso es que millones de personas, que no han aprendido a manejar *o* controlar su dinero, escuchan a consejeros especializados en finanzas. Pero una vez que comprendes el principio del tesoro y cómo aplicarlo en tu vida, experimentarás verdadera libertad económica y un gozo en tu vida que nunca antes has tenido.

Sé estratégico en dónde pones tu riqueza

Cuando Jesús se refirió a tesoro, su primera audiencia habría entendido que se refería a ropa, comida o dinero. La gente rica usaba la ropa más fina, pero la polilla podía comerse la ropa. La gente rica tenía mucha comida sobre todo en la forma de granos y carne, pero las ratas y los gusanos podían comerse la comida.

La gente también tenía riqueza en forma de oro y plata, pero no había bancos o cajas fuertes, por lo que tenían que mantener el dinero en sus casas. Pero las casas se fabricaban de arcilla y barro, de modo que un ladrón podía atravesar fácilmente las paredes y robar la riqueza. A lo que Jesús se refería era: «Tengan cuidado de no poner su tesoro en lo que puede arruinarse, podrirse o robarse». Nos estaba recordando que lo que consideramos nuestro tesoro no es nuestro en absoluto.

Un gran ejemplo es alquilar un auto. Hay una gran diferencia entre poseer un auto y alquilar un auto. Si compramos un auto, cuando se han hecho todos los pagos, nos pertenece. Si alquilamos un auto, cuando vence el contrato de arrendamiento, tenemos que devolver el auto. Lo único que tenemos es un «contrato de arrendamiento en vida». Cuando el contrato vence, tenemos que devolverlo todo. No logramos guardar nada. Así como el auto regresa al comerciante, nuestra vida regresa al Creador.

Sé sabio en cómo percibes tu riqueza

Jesús cambia rápidamente de ser asesor económico a ser oculista cuando llama al ojo «la lámpara del cuerpo» (Mateo 6:22).

Cuando lees, a fin de transmitir una página del texto del libro a tu cerebro, ondas de luz tienen que atravesar la córnea en el frente del ojo, atravesar la pupila y traspasar el lente hasta la retina donde células especiales, llamadas conos y bastones, reaccionan a la luz. Así es como la luz entra en el ojo, de tal modo que en realidad el ojo es «la lámpara del cuerpo».

Alguien ha llamado al ojo «la ventana del alma». Aquí el ojo se describe como una ventana por medio de la cual entra la luz al cuerpo. Si una ventana está limpia y el cristal es transparente, la luz que entra iluminará adecuadamente cada parte de la habitación. Si la ventana está sucia o el cristal está empañado, la luz no podrá atravesarla y la habitación quedará a oscuras.

Jesús está diciendo que la condición espiritual de nuestro ojo determina cómo nuestro ojo ve el dinero. Él no está preocupado de lo que tenemos sino de cómo *vemos* lo que tenemos, porque cómo vemos lo que tenemos determinará no solamente lo que hacemos con eso sino también lo que aquello hace con nosotros.

Ten cuidado en cómo colocas tu riqueza

Jesús concluye resaltando que o eres el amo *de* tu dinero o eres controlado *por* tu dinero.

Si Jesús hubiera declarado «No *debes* servir a Dios y a las riquezas», esto sería un asunto de *prudencia*. Si hubiera dicho: «No *tienes que* servir a Dios y a las riquezas», este sería un asunto de *responsabilidad*. En lugar de eso, Jesús expresó: «No *puedes* servir a Dios y a las riquezas». Por tanto, este es un asunto de *imposibilidad*.

Hace varios años, Bob Dylan compuso una canción que dice que «vamos a tener que servir a alguien». El talón de tu chequera o el estado de tu cuenta bancaria te dirá algo acerca de a quién estás sirviendo. Muéstrame dónde está yendo tu dinero y te mostraré hacia dónde está fluyendo tu corazón.

Jesús no quiere tu dinero. Ya es suyo. Jesús quiere tu corazón. Pero ya que tu corazón siempre sigue a tu dinero, Él quiere que le rindas tu dinero, tu riqueza, tus cosas. Nunca controlarás tu dinero a menos que Jesús sea quien te controle.

Oración de esta semana: *Señor, confieso que todo lo que tengo es tuyo. Libera mi control sobre todo lo que ata mi corazón, para que yo pueda ser controlado únicamente por ti.*

Pregunta de esta semana: ¿Qué revela el estado de tu tarjeta de crédito, tu cuenta bancaria o el talón de tu chequera acerca de tu corazón?

36

Un consejero matrimonial

Pasajes bíblicos de esta semana:

- Mateo 19:1-6
- Génesis 2:18-25
- Efesios 5:22-33
- Romanos 7:1-3
- 1 Pedro 3:1-7

Una bendita invención

Hace poco me encontré con un fascinante artículo titulado «Los diez mejores inventos que cambiaron el mundo». En su mayor parte, no hubo grandes sorpresas. La lista incluía la rueda, la imprenta, la máquina a vapor, la bombilla, la Internet.

Según mi opinión, un invento que no estaba en la lista tiene más influencia que cualquier otro producto jamás inventado. No se trata tanto de un producto como de una *relación*. Para mí, la invención más grande del mundo, establecida en el principio, es el matrimonio.

Cuando el matrimonio se ha practicado como Dios desea, ha traído más bien, ha bendecido más culturas y ha impulsado más sociedades que cualquier otro invento. Sin embargo, hoy día con esa invención se juega, se le somete a prueba y se le trata de destruir.

No hace mucho tiempo, la revista *Time* publicó un artículo titulado «Por qué el matrimonio importa», en que analizaba el colapso de la familia estadounidense en los últimos cuarenta años: «¿Cuánto importa [el matrimonio]? Más de lo que las palabras pueden expresar. No existe una sola fuerza que ocasione tanta dificultad apreciable y tanto sufrimiento humano en esta nación como el colapso del matrimonio».[12]

Esa es la opinión de una persona. Pero la opinión que importa es la

---

12. Caitlin Flannigan, «Why Marriage Matters», *Time*, 13 julio 2009, p. 47.

de la Persona que inventó el matrimonio. Aunque Jesús nunca se casó, sabía más respecto al matrimonio que cualquier consejero o pastor que jamás haya vivido, porque Él lo creó. En solo unas pocas frases en Mateo 19, Jesús ofrece una enciclopedia de verdad acerca del matrimonio, del divorcio y del amor.

La posición predeterminada de Dios

Para probar a Jesús, los fariseos le preguntaron si podía ser legítimo divorciarse de la esposa. En jerga moderna, estaban preguntándole: «¿Existe algo como un divorcio sin asignación de culpa?» (Mateo 19:3).

California fue el primer estado en la nación en aprobar una ley que dice que puedes divorciarte por cualquier razón o sin razón alguna. La legislación ahora está en todos los cincuenta estados.

En el primer siglo, dos importantes rabinos promovieron dos corrientes principales de opinión en cuanto al divorcio. Uno era liberal y el otro más conservador. El punto de vista liberal afirmaba que si tu esposa quemaba la comida, podías divorciarte de ella. Si tu esposa tenía demasiadas arrugas, podías divorciarte. Si ella cocinaba mal, podías decirle: «¡Lárgate!». La otra corriente de opinión era un poco más conservadora y limitaba el divorcio a casos en que ocurría algún tipo de pecado sexual.

Sin embargo, en lugar de contestar la pregunta: «¿Cómo podemos *salirnos* de un matrimonio?», Jesús contestó con la siguiente pregunta: «¿Por qué deberíamos permanecer *en* un matrimonio?». Los fariseos habían estado haciendo la pregunta equivocada. Jesús da la respuesta correcta a la pregunta correcta: corta, concisa y sencilla, pero tan fuerte como el aliento a ajo.

> ¿No habéis leído que el que los hizo al principio, varón y hembra los hizo, y dijo: Por esto el hombre dejará padre y madre, y se unirá a su mujer, y los dos serán una sola carne? Así que no son ya más dos, sino una sola carne; por tanto, lo que Dios juntó, no lo separe el hombre (Mateo 19:4-6).

Jesús citó Génesis 2 y decretó: «He aquí tu respuesta». Esta es la posición determinada de Dios para el matrimonio, disponible en cincuenta estados y en todo el mundo.

Comprende el plan de Dios para el matrimonio

El «los» al que Jesús se refirió en el versículo 4 es a los miembros de la primera pareja casada en la historia: Adán y Eva. Dios los creó varón y hembra. Desde el principio, Dios edificó varias cualidades que hacen que un matrimonio sea un matrimonio.

Primero, Dios diseñó la *dualidad*. Se necesitan dos para casarse. Por eso es que Dios «los» creó, no solamente «lo» creó. La segunda característica es la *heterosexualidad*. Dios no los creó varón y varón. Tampoco los creó hembra y hembra. Los creó varón y hembra. La única foto en el álbum de matrimonios de Dios es la de un hombre y una mujer. La tercera característica es la *monogamia*. No creó varón y hembras. No creó varones y hembra. Creó varón y hembra: un hombre, una mujer, una vida.

Este es el plan de Dios para el matrimonio.

Recuerda el propósito de Dios para el matrimonio

Esto podría sorprenderte, pero el propósito principal del matrimonio no es procrear. Las parejas que no pueden tener hijos están tan casadas como las que sí pueden tenerlos. Así lo dijo Jesús en Mateo 19:5, volviendo a citar de Génesis 2: «Por esto el hombre dejará padre y madre, y se unirá a su mujer, y los dos serán una sola carne».

Con ese entendimiento, el niño que creció hasta convertirse en hombre y la niña que creció hasta convertirse en mujer deben *dejar a sus padres y sus madres*. La relación más importante en una familia no es entre un hijo y su madre, sino entre esposo y esposa. Al esposo se le dice específicamente que «se aferre» a su esposa.

Y los *dos*, en la aritmética de Dios, se convierten en *uno*. Cuando Dios ve un padre y un hijo, ve a *dos* seres. Cuando Dios ve a un hermano y a una hermana, ve a *dos* seres. Cuando Dios ve a un esposo y a una esposa, ve solo *un* ser.

Esa lección de matemáticas prepara el escenario para la respuesta que Jesús se dispone a darle a la astuta pregunta de estos fariseos.

A un número *primo* también se le llama cantidad *indivisible*. Un número primo es una cantidad que no puede ser dividida por ningún número a excepción de sí mismo y de uno. El número primo indivisible de todos los números es *uno*. Puedes dividir el número *dos* en partes iguales separadas, pero no puedes dividir el número *uno*.

Hablamos de algo fuera de lo común.

Comprométete con lo que Dios dice del matrimonio

¿Sabías que las palabras que con frecuencia oyes en las bodas antes de «ahora puedes besar a la novia» no son la *opinión* del predicador? Jesús concluye esta enseñanza sobre el matrimonio declarando: «Por tanto, lo que Dios juntó, no lo separe el hombre» (Mateo 19:6).

La palabra «juntó» significa «aglutinó»: «Lo que Dios aglutinó, no lo separe el hombre». ¿Te has sentido alguna vez que estás adherido a la persona con la que estás casado? ¡Lo estás! Casarse y convertirse en una carne no es algo que dos personas hacen una por la otra o ni siquiera una a la otra, sino lo que Dios hace por ellos y para ellos.

El matrimonio no es lo que la cultura une. No es lo que la naturaleza une, lo que la ley une, lo que el sexo une, ni siquiera lo que el amor une. El matrimonio es lo que Dios une.

Lo que ha sido hecho por Dios no puede ser deshecho por la humanidad. El matrimonio es siempre la obra de Dios; el divorcio es siempre la obra de la gente, y solo Dios tiene el derecho de separar lo que ha unido. La buena noticia es que, a medida que los dos que se han convertido en uno se parecen a Aquel que inventó el matrimonio, lo que Dios ha unido, Dios puede *mantenerlo* unido.

Oración de esta semana: *Señor, como alguien que está casado o alguien que está soltero, te agradezco porque eres el inventor y el sustentador del matrimonio entre un hombre y una mujer.*

Pregunta de esta semana: ¿Cómo cambia tu manera de pensar acerca del matrimonio el hecho de que Dios «ve uno cuando mira dos»?

37

¿Puede uno convertirse en dos?

Pasajes bíblicos de esta semana:

- Mateo 19:7-12
- Mateo 5:31-32
- 1 Corintios 7:10-16
- Hebreos 13:4
- Malaquías 2:13-16

Un diseño sagrado

En estos días parece haber dos puntos extremos de vista en cuanto al divorcio y el nuevo matrimonio.

Algunas personas quieren tratar de simplificar la norma para el divorcio. Sostienen que Dios dice *menos* de lo que en realidad declara. Estos permiten el divorcio y el nuevo casamiento por cualquier razón. Una pregunta común es: «Si mi cónyuge es desaliñado, me baja la autoestima, tiene objetivos diferentes a los míos, difiere en las filosofías de crianza de los hijos, es una bomba financiera de tiempo, o simplemente me hace la vida imposible, ¿espera Dios que yo pase el resto de mi vida con esa persona?». La respuesta popular es: «¡Por supuesto que no!».

Por otra parte, hay personas que quieren *elevar* el nivel de lo que Dios dijo. Tratan de hacer que Dios diga más de lo que en realidad dice acerca del divorcio y el nuevo matrimonio, y prohíben todo divorcio y todo nuevo casamiento bajo cualquier circunstancia.

Hay cuatro posiciones que podríamos tomar con relación al divorcio y el nuevo matrimonio:

- El divorcio y el nuevo casamiento se prohíben bajo todas las circunstancias.
- El divorcio se permite en algunas circunstancias, no así el nuevo casamiento.

- El divorcio y el nuevo casamiento se permiten en todas las circunstancias.
- El divorcio y el nuevo casamiento se permiten solo bajo ciertas circunstancias.

El filtro para cernir estas posiciones es lo que Dios dice acerca del *matrimonio*. Una vez que comprendas el diseño de Dios para el matrimonio, entonces es fácil entender lo que Dios dice acerca del divorcio y el nuevo matrimonio y por qué lo dijo.

Uno y ya

Jesús ya estableció que el Arquitecto divino diseñó la casa del matrimonio con una sola puerta. Hay una puerta del frente que dice: «Entrada». No existe puerta trasera que diga: «Salida». Lo que está matando el matrimonio no es el divorcio al final de un matrimonio, sino la actitud que la gente tiene al principio del matrimonio. En las mentes de muchas, si no de la mayoría de las parejas que se casa, está el pensamiento: *Si no funciona, siempre podemos divorciarnos. Y si quiero, puedo volver a casarme con otro u otra.* La actitud de Jesús hacia el matrimonio es *uno y ya.*

Los fariseos reconocieron que el asunto del divorcio, delicado ahora y delicado entonces, era una oportunidad ideal para atrapar a Jesús. La operación secreta que tenían había comenzado en el quinto capítulo del Evangelio de Mateo, cuando oyeron que Jesús hizo esta declaración durante su Sermón del Monte:

> Pero yo les digo que, excepto en caso de inmoralidad sexual, todo el que se divorcia de su esposa la induce a cometer adulterio, y el que se casa con la divorciada comete adulterio también (Mateo 5:32, nvi).

Ese fue el combustible que necesitaban para echarle leña al fuego: «¿Es lícito al hombre repudiar a su mujer por cualquier causa?» (Mateo 19:3).

Jesús les responde en última instancia la pregunta, pero cuando Él termina, ellos desean nunca habérsela hecho.

Conoce la razón detrás del divorcio

Jesús ha presentado un caso irrefutable de por qué el matrimonio debe ser permanente. Entonces, usando el testimonio del Antiguo Testamento como ventaja, los fariseos ponen a prueba a Jesús: «¿Por qué, entonces, mandó Moisés que un hombre le diera a su esposa un certificado de divorcio y la despidiera?» (Mateo 19:7, NVI).

La palabra clave en la intriga era *mandó*. Y con ella pudieron haber engañado a algunos. Pero escucha la respuesta de Jesús: «Por la dureza de vuestro corazón Moisés os permitió repudiar a vuestras mujeres; mas al principio no fue así» (Mateo 19:8). Jesús los corrige primero señalando que Moisés nunca mandó el divorcio, sino que lo permitió. Dios nunca dice a una pareja que *debe* divorciarse, sino que *puede* divorciarse bajo circunstancias permisibles.

Entonces Jesús les contestó la pregunta. La razón de que alguna vez se permitiera el divorcio fue debido a lo que Jesús llama «dureza de corazón». Esa frase es una sola palabra en el idioma griego, una combinación de la expresión *sclero* (de la que obtenemos la palabra *esclerosis*) y la expresión *cardia* (de la que obtenemos la palabra *cardiólogo*). La arterosclerosis es el endurecimiento de las arterias. Sorprendentemente, Jesús ofrece la razón definitiva detrás del divorcio como el endurecimiento de las arterias espirituales. Eso es un corazón duro.

La causa fundamental de todo divorcio siempre es el pecado. No existen problemas demasiado grandes que resolver, solo personas demasiado pequeñas (o duras de corazón) para resolverlos. El matrimonio es una institución divina. El divorcio es una invención humana. Dios no ordena ni recomienda el divorcio. En un divorcio, por desgracia, todos pierden.

Aunque como pastor nunca he aconsejado el divorcio, sí he propuesto la separación. No creo que una mujer deba permanecer bajo situaciones de maltrato y, en ocasiones, tal vez deba separarse por un tiempo. Pero si ocurre el divorcio, se debe a la dureza de nuestros corazones, ya sea dureza para confiar en Dios o para obedecerle.

Comprende la restricción sobre el divorcio

Jesús responde a los astutos fariseos: «Les digo que, excepto en caso de inmoralidad sexual, el que se divorcia de su esposa, y se casa con otra, comete adulterio» (Mateo 19:9, NVI).

Él está diciendo que si te divorcias por cualquier razón que no sea inmoralidad sexual de parte de tu cónyuge, y te vuelves a casar con alguien, cometes adulterio.

En el antiguo Cercano Oriente, las mujeres no tenían los mismos derechos que los hombres. Estos podían divorciarse de sus esposas, pero ellas no podían divorciarse de sus esposos. Es por esto que Jesús estaba hablándole solo a hombres. Hoy día se dirigiría a ambos cónyuges.

He aquí la reacción en cadena del pecado: Cada vez que un esposo se divorcia de su esposa (o viceversa) por cualquier razón que no sea inmoralidad sexual, comete adulterio si vuelve a casarse. La persona con la que se casa comete adulterio. Si su cónyuge vuelve a casarse, comete adulterio y la persona con quien se casa comete adulterio. Por tanto, un divorcio no bíblico lleva a adulterio multiplicado.

Cuando dos creyentes se casan y se vuelven una sola carne, lo único que puede romper ese vínculo de una sola carne es el adulterio.

Dicho eso, aunque un cónyuge haya sido infiel, esto no tiene que llevar al divorcio. Hay dos aspectos que mitigan lo que Jesús declaró. Primero, la parte culpable confiesa y se arrepiente. Segundo, la parte inocente ama y perdona. Si eso no ocurre, he aquí lo que Jesús manifiesta: La parte inocente puede divorciarse y volver a casarse. La parte culpable no puede hacerlo. La parte culpable puede obtener perdón, pero ya no tiene la libertad para volver a casarse.

Acepta la realidad del divorcio

Podrías estar pensando que lo que Jesús expresó es poco realista. Cuestionas que esté prohibido divorciarse por miserable que te encuentres, lo diferente que tú y tu cónyuge sean, y lo grandes que puedan ser tus problemas matrimoniales, a menos que haya habido adulterio. Pero Jesús enseña nada menos que esto.

Expertos afirman con consenso que los tres componentes clave para mantener junto un matrimonio son:

1. Preparar la mente para permanecer juntos.
2. Trabajar activamente en la relación.
3. Enfocarse en la conducta y la actitud propia, no en la del cónyuge.

Cada vez que un capitán de barco se dirigía a una batalla en que rendirse no era una opción, ordenaba que los «colores» se clavaran al mástil. Al tener las banderas clavadas en lo alto, no había posibilidad de bajarlas en el fragor de la batalla para rendirse. Cuando entras en una batalla sabiendo que rendirte no es una opción, tu única motivación es fijar tu mente en cómo puedes ganar tal batalla.

Si estás casado, clava la bandera de tu matrimonio al poste de la Palabra de Dios y a la voluntad de Dios para tu vida. *Recuerda que tu batalla no es contra tu cónyuge, sino que es por tu matrimonio.* Enfoca tu corazón y tu mente, no en cómo puedes salir de tu matrimonio sino en cómo puedes permanecer fiel a tu «sí» para la gloria de Dios.

Oración de esta semana: *Señor, sea que esté soltero o casado, dame tu pasión por la fidelidad perdurable del pacto y enséñame a amar como tú amas.*

Pregunta de esta semana: ¿Cómo la enseñanza de Jesús sobre el divorcio reta lo que piensas acerca del matrimonio?

38

Amor: ¿Pueden dos ser uno?

Pasajes bíblicos de esta semana:

- Juan 13:34-35
- Juan 15:12-17
- 1 Juan 4:7-12
- Gálatas 5:13-26
- 1 Corintios 13:1-13

Amor verdadero

En mi primera cita con Teresa le informé que le digo a una chica que la amo solo si quiero casarme con ella. Le advertí. «Si te digo que te amo, te estoy pidiendo que te cases conmigo».

La noche siguiente, en nuestra segunda cita, le dije a Teresa que la amaba. Si yo hubiera sido un comediante, me habría sentido genial, ¡porque no creo que ella todavía haya dejado de reír! Pero se trataba de algo serio, y seis meses después estábamos casados.

Desde la boda hemos tenido nuestros problemas. No siempre nos hemos llevado bien y, en ocasiones, el matrimonio ha sido más una batalla que una bendición. Sin embargo, hemos resuelto problemas, hemos analizado diferencias y hemos perseverado a pesar de los conflictos. Y nunca la he amado más que ahora. Nuestro matrimonio no ha sido fácil, pero me recuerda que es posible mantener el amor después de enamorarse.

Hay una gran diferencia entre enamorarse y mantenerse enamorados. Lo primero necesita un impulso y lo segundo, un compromiso.

Después de treinta y siete años de matrimonio puedo atestiguar que mantenerse enamorado no es algo que sucede de forma automática, y que tampoco es algo que ocurra con facilidad. No obstante, el amor verdadero es el aglutinante que une un matrimonio. Es la base de cualquier relación perdurable. Pero el amor del que Jesús habla no es como el que se lee en una novela romántica o se ve en algún cuento de hadas de Hollywood.

Un tipo especial de amor

A todo el mundo le encanta el amor. Si hablas en una reunión de personas de diferente fe, sean cristianas, musulmanes, judías, budistas o hindúes, y dices: «Dios es amor», no tendrías absolutamente ningún problema. A la gente le gusta la idea de un Dios que es amor. Estamos enamorados de la idea del amor. Nos gusta tanto el «amor» que hasta tenemos todo un día llamado «Día de San Valentín» dedicado a expresar el amor. Sin embargo, en relación a dos personas que se enamoran, ¿por qué es que muchas no pueden permanecer enamoradas?

Oculta en un Evangelio hay una pequeña declaración de dos párrafos que Jesús hizo y que nos da la base para cualquier relación perdurable. Se refiere al tipo de amor tan fuerte que si un esposo y una esposa lo tienen, nada puede romperlo.

Jesús ni siquiera se estaba refiriendo al matrimonio cuando expresó esto. No estaba hablando a esposos sino a discípulos. Lo que Jesús dijo a los creyentes en general, voy a aplicarlo específicamente al matrimonio. Jesús exhorta a sus discípulos:

> Un mandamiento nuevo os doy: Que os améis unos a otros; como yo os he amado, que también os améis unos a otros. En esto conocerán todos que sois mis discípulos, si tuviereis amor los unos con los otros (Juan 13:34-35).

El Señor está diciendo algo acerca de la *clase* de amor que perdura, ¿verdad? No se trata de la versión que Hollywood ofrece del amor. Al contrario, Jesús está diciendo: *enamórate con un amor de lo alto.*

Obedece el mandato de Jesús

El amor no es una emoción. No puedes *darle órdenes* a un sentimiento, pero Jesús nos ordena que amemos. El amor podría expresarse emocionalmente, sintiendo calor o revolviéndote el estómago. Podría hacer que tu corazón se acelere, pero ninguna de esas cosas son señales del verdadero amor.

Que alguien *te guste* es un sentimiento. Y hay una gran diferencia entre que te guste la gente y que ames a la gente. Jesús no nos ordena que nos gusten nuestros enemigos. No puedes ordenar que a alguien le *guste* otra persona. Gustarle a alguien es simplemente una respuesta emocional. Es la manera en que nos sentimos la primera vez que escuchamos a Taylor Swift tocar una guitarra, la manera en que vimos a Rachel entrar a la cafetería Central Perk en *Friends* o la primera ocasión que echamos un vistazo a la extraordinaria Marilyn Monroe.

Amar es una acción. No tiene que gustarme una persona para amarla, y amo a personas que no necesariamente me gustan. La verdad es que no todo aquel que te ama va a gustarte.

Si el amor fuera una emoción, Jesús nunca habría tenido que morir en la cruz, porque en el huerto de Getsemaní vemos que no tenía ganas de morir en la cruz. Las emociones andan en montañas rusas: un día están arriba y el otro están abajo. El amor anda sobre rieles de ferrocarril a través de la llanura: siempre recto, siempre nivelado y nunca fuera de curso.

Sigue el modelo de Jesús

Aunque el Antiguo Testamento habla del amor, Jesús lo llama un «mandamiento nuevo». ¿Cómo es exactamente nuevo?

Lo nuevo es esta partecita: «Como yo os he amado». Jesús está ordenándonos que nos amemos unos a otros del modo en que hemos sido amados. Aquí la palabra «como» es causativa, lo que significa que el versículo podría traducirse: «Ustedes deben amarse unos a otros con el amor que yo les he brindado». Si eres seguidor de Jesús, no solo tienes a Jesús en ti, sino que tienes el *amor* de Jesús en ti y tienes que amar a tu cónyuge con *ese amor*.

Durante tres años, Jesús siempre puso primero a sus discípulos, lavándoles los pies, salvándolos de una tormenta y enseñándoles con paciencia. Jesús los puso primero. No se preocupó por Él, se preocupó por los doce.

C. S. Lewis destaca cómo llegó a ver de modo distinto las faltas de otros:

> Hay alguien a quien amo aunque no apruebo lo que hace. Hay alguien a quien acepto, aunque algunos de sus pensamientos y algunas de sus acciones me repugnan. Hay alguien a quien

perdono a pesar de que lastima a las personas que más amo. Esa persona soy *yo*... Si puedo amarme sin aprobar todo lo que hago, también puedo amar a otros sin aprobar todo lo que hacen.[13]

Da testimonio de Jesús

Si tú y tu cónyuge afirman ser seguidores de Jesús, hay mucho más en juego al amarse mutuamente y mantener unido el matrimonio, que tan solo el bienestar de los hijos o incluso que permanecer fieles a sus votos matrimoniales. Lo que está en juego es el testimonio que dan ante el mundo.

> En esto conocerán todos que sois mis discípulos, si tuviereis amor los unos con los otros (Juan 13:35).

¡Así es como el mundo sabrá que este asunto llamado cristianismo es un elemento de cambio! Uno de los más grandes testimonios que una pareja casada puede dar a sus vecinos es permanecer casada, resolver sus problemas, mantenerse en la batalla, negarse a rendirse y seguir amándose uno al otro.

En los primeros días de la Iglesia, el emperador Adriano envió a un hombre llamado Arístides a espiar a estas extrañas criaturas conocidas como cristianos. Después de verlos en acción, Arístides volvió al emperador con el informe. Desde entonces estas palabras inmortales han resonado a lo largo de la historia: «¡Mirad cómo se aman!».

Dígase lo que se diga de ti, de tu cónyuge y de tu matrimonio, que tus hijos, nietos, amigos, parientes y vecinos digan: «¡Mirad cómo se aman!». Así es como dos pueden ser uno.

Oración de esta semana: *Señor, enséñame a amar con el amor con que ya me has amado. Que otras personas sepan que tu evangelio es verdadero por el modo en que amo.*

Pregunta de esta semana: ¿A quién ves como un ejemplo de alguien que ama tal como Jesús lo ama?

---

13. Citado en Kinnaman y Lyons, *UnChristian*, p. 198.

39

La prioridad máxima

Pasajes bíblicos de esta semana:

- Mateo 6:25-33
- Filipenses 3:7-14
- Marcos 10:28-31

- Mateo 16:24-27
- Hechos 28:23-31

Ordena tus prioridades

Unos días después de saberse la historia de la infidelidad de Tiger Woods, yo estaba viendo mi cadena favorita de televisión, la cual es informativa, educativa e inspiradora. Así es, estaba viendo ESPN. La presentadora entrevistaba a Herman Edwards, ex entrenador de la NFL.

—¿Qué crees que sucedió con Tiger Woods? —le preguntó.

—Tiger tan solo tenía sus prioridades en el lugar equivocado —contestó Edwards sin titubear.

La sabiduría de Edwards resuena, ¿verdad? El poder constructivo de las prioridades adecuadas puede tomar cualquier vida común y corriente y convertirla en una aventura extraordinaria. El poder destructor de las prioridades equivocadas puede tomar una vida común y corriente y triturarla en un millón de pedazos.

La vida nos ofrece a cada uno de nosotros cientos de posibilidades, y miles de ellas si vives lo suficiente. Algunas son malas, muchas son buenas y hay otras que son las mejores. Cuando tomamos decisiones, cada uno de nosotros tiene que preguntarse: «¿Qué prioridad ocupa el primer lugar en mi vida?».

La respuesta guiará las decisiones que tomemos. En última instancia, la suma total de nuestra vida se determinará por lo que elijamos como nuestra máxima prioridad.

Puedes conseguir lo que quieres

En este momento estoy leyendo un libro de uno de los autores más reconocidos del *Times* de Nueva York, acerca de cómo tener éxito. El autor dice que la clave para ir de donde estás adonde quieres estar es saber dónde te encuentras ahora y dónde quieres estar. Todo este enfoque se resume en una cita que ofrece de Ben Stein, el actor y escritor, que expresa: «El primer paso indispensable para conseguir lo que deseas es este: decide lo que quieres». Ese libro trata con cómo hacer las cosas, cómo escalar las gradas del éxito, cómo ganar dinero y cómo tener éxito.

Lo que Jesucristo tiene que decir en cuanto a las prioridades es distinto de lo que este hombre y la mayoría de líderes empresariales tienen que decir:

Buscad primeramente el reino de Dios y su justicia, y todas estas cosas os serán añadidas (Mateo 6:33).

Si aún estás sopesando en quién confiar en este asunto de prioridades, la sabiduría de Jesús viene incluso con una garantía: si haces que la prioridad de Él sea tu prioridad, todo lo demás encajará. *La clave para conseguir lo que necesitas es enfocarte en lo que Jesús quiere para tu vida.* El primer paso indispensable para conseguir todo lo que necesitas es centrarte en lo que Jesús quiere.

Este libro que estoy leyendo dedica 435 páginas a decirme cómo conseguir lo que quiero. Jesús utilizó una frase.

Debes experimentar una relación con Dios en tu vida

Las dos primeras palabras de Jesús son cruciales: «Buscad primeramente».

Buscar significa «esforzarse con diligencia» o «desear firmemente». La acción es continua. Expresa: «Sigue esforzándote», «persevera en la búsqueda» y «sigue deseando a diario».

Cuando Jesús dice: «Buscad primeramente el reino de Dios y su justicia», quiere decir que ni siquiera tenemos que orar respecto a cuál podría ser nuestra prioridad máxima. Si la prioridad número uno en mi vida es buscar el reino de Dios y la justicia de Dios, entonces todo lo que hago puede ser ordenado por estas dos cosas. Dónde trabajo, cómo paso mi tiempo, con quién me caso, cómo manejo mi dinero y qué compro siempre tiene que ser tamizado y clasificado a través de un filtro: «¿Es esto para el reino de Dios? ¿Se relaciona esto con su justicia?».

¿Entiendes ahora cómo puede esto transformar tu matrimonio, tu trabajo, tu familia y tu economía?

Por supuesto, a fin de buscar el reino primero tienes que buscar al Rey, porque ni siquiera sabrás dónde está el reino o cómo se ve a menos que conozcas al Rey. Busca una relación diaria con Cristo leyendo su Palabra, permitiendo que te hable y respondiéndole en oración.

Debes establecer el control de Dios sobre tu vida

Todo reino tiene un rey, y todo rey tiene un trono. Ese trono es la sede del poder desde donde el rey gobierna y reina. En un reino, la palabra del rey es la única que importa. Y los súbditos de un reino hacen la voluntad del rey.

Tu corazón es un trono. Alguien ha de sentarse en el trono y gobernar tu vida. En todo momento habrá una de dos personas en ese trono: tú o Jesús. En toda decisión que tomas, o *tú* decides hacer lo que quieres hacer, o decides hacer lo que *Dios* quiere que hagas. El momento que decidas hacer lo que quieres hacer en lugar de hacer lo que Dios quiere que hagas, tus prioridades sencillamente dejan de estar en el orden correcto.

Si estás buscando el control del Rey, entonces estarás buscando tres cosas. Buscarás la gloria del Rey. Buscarás la guía del Rey. Y también buscarás el gobierno del Rey.

Pero tal vez estés preguntándote: «¿Dónde consigo lo que *yo* quiero?».

He aquí la belleza de todo esto: cuando decides que quieres cualquier cosa que el Rey quiere en tu vida, entonces siempre obtendrás lo que tú quieres.

Debes exhibir el carácter de Dios en tu vida

Una de las historias fascinantes del 15 de abril de 1912, la noche en que se hundió el RMS *Titanic* matando a más de mil quinientas personas, tiene que ver con prioridades.

Una mujer asustada se hallaba en un bote salvavidas que estaba a punto de ser bajado al Atlántico Norte. De repente pensó en algo que necesitaba, así que pidió permiso para regresar a su camarote antes de partir. Le dieron tres minutos o tendrían que partir sin ella.

La mujer corrió por la cubierta que ya estaba inclinada en un ángulo peligroso y atravesó a toda prisa la sala de juego, donde todo el dinero había rodado a un costado y le llegaba hasta los tobillos. Llegó a su camarote e hizo a un lado todas sus costosas joyas, estiró la mano hacia el anaquel sobre su cama y agarró tres naranjas pequeñas. Entonces se las arregló para volver al bote salvavidas. ¿Puedes creer que ella pasara por encima de dinero, diamantes y oro para tomar tres naranjitas? En ese momento, esa dama tenía sus prioridades en orden.

Todos vivimos en un barco llamado «Titanic» y esa nave se hunde lentamente cada día. Un día se sumergirá por completo bajo las aguas de la muerte y lo único que importará será esto: ¿Tomamos las decisiones correctas? ¿Tomamos las alternativas correctas? ¿Tuvimos las prioridades correctas?

Cuando trates de poner en orden tu vida, recuerda que Cristo y su reino deberían estar en primer lugar.

Oración de esta semana: *Señor, aviva en mi corazón un mayor deseo de buscar tu reino. Concédeme la voluntad para anhelar por sobre todo lo demás que se haga tu voluntad.*

Pregunta de esta semana: Al inclinarte ante la voluntad de Dios, ¿qué hay en tu voluntad de lo cual debas liberarte?

Jesús, el servidor

Una de las cualidades más atractivas de Jesús fue la forma en que fue proactivamente tras marginados y forasteros. Él fue un hombre del pueblo, no solo de los privilegiados. Fue un maestro para las masas, no un rabino para los ricos. Jesús buscó a los que la sociedad evitaba, de quienes se burlaba y a los que ridiculizaba. Estuvo dispuesto a ayudar a cualquiera en cualquier momento, aunque ni siquiera se dieran cuenta de que lo necesitaban. Los encuentros más notorios de Jesús revelan su papel como un servidor de los indefensos y la esperanza de los descorazonados, cambiando al mismo tiempo la forma en que vemos a los demás y a nosotros mismos.

40

El remedio para la sed

Pasajes bíblicos de esta semana:

* Juan 4:1-42
* Apocalipsis 22:17
* Isaías 55:1-5

* Juan 7:37-39
* Apocalipsis 7:14-17

Desastres desordenados

En el 2006, la compañía aérea Alitalia cometió un pequeño error en su página web. Anunciaron asientos en clase ejecutiva desde Toronto a Chipre por treinta y nueve dólares. Se suponía que el precio era $3.900, pero un empleado quitó los dos ceros. Los clientes compraron dos mil boletos y esto le costó a la línea aérea $7.7 millones de dólares.

Alguien lo arruinó todo.

Tal vez lo hayas arruinado todo y estés viviendo bajo la aplastante carga de ese lío. Oye esto claramente: el solo hecho de que te hayas metido en un lío no significa que tengas que estar arruinado.

El apóstol Juan cuenta la historia de un encuentro asombroso entre Jesús y una mujer con la vida desordenada (Juan 4). Y se trata de la conversación más larga jamás relatada entre Jesús y alguna otra persona.

La primera vez que lees la historia parece frívola y común. Una mujer, cuyo nombre no conocemos, está llevando a cabo la tarea cotidiana más aburridora: sacar agua de un pozo. Había llegado sola. Y donde ningún otro hombre le habría dado ni la hora del día, excepto por los motivos erróneos, Jesús hace que participe en una conversación que cambiará radicalmente la vida de esta mujer.

El encuentro de esta mujer con Jesús no solo demuestra cómo debemos relacionarnos con las personas que están al margen, sino que también es un regalo maravilloso para todos los que en un momento u otro hemos echado todo a perder. Lo que descubrimos de esta mujer que no niega su desordenado pasado es que cuando confesamos nuestros desastres, Jesús los limpiará.

Debes saber que Jesús está esperando encontrarse contigo

Jesús no está en cualquier pozo, sino en el pozo de *Jacob* en Samaria. Cualquiera en la audiencia de Juan habría sabido al instante dónde se hallaba este pozo. Se trataba de un campo que Jacob había comprado miles de años atrás para poder armar su tienda en la tierra de Canaán. Este fue el primer registro en la Biblia de una propiedad que algún judío poseyera en la tierra prometida.

Sin embargo, si crees que este sería un lugar natural para que Jesús visitara, te equivocas.

Los judíos *jamás* pasaban por Samaria. La consideraban fuera de los límites. Con tal de no tener que pasar por Samaria, cualquier judío que se respetara habría tomado siempre un desvío, aunque añadiera un día a su camino.

La hora sexta era mediodía y una mujer sola llega a extraer agua. Cualquier observador se habría extrañado. Las mujeres en aldeas del Oriente Medio por lo general evitaban el calor del día, obteniendo agua temprano en la mañana o poco antes del atardecer. Y por conveniencia, siempre iban en grupo. Debido a que los cántaros eran pesados cuando estaban llenos y también a que era difícil para una mujer sola levantarlos hasta la cabeza, se ayudaban unas a otras a transportar el agua hasta sus casas. Sabemos que esta mujer samaritana es una marginada porque llega en el peor momento y sola. La «mujer en el pozo» también es una mujer rechazada.

Alguien desea encontrarse contigo

Jesús está sentado en la parte superior del pozo. Como hombre se esperaba que se retirara a una distancia de por lo menos siete metros, indicando así que era seguro y apropiado que ella se acercara al pozo. Pero Jesús no se mueve. Está esperando encontrarse con la mujer.

En esa época, un hombre, en particular un extraño, no solo que no le hablaría a una mujer sino que ni siquiera haría contacto visual con ella. Jesús no solo rompe la barrera sexual cuando habla con ella, sino que también rompe la barrera racial. Hace caso omiso a setecientos años de hostilidad en que judíos y samaritanos habían participado.

La mujer se sorprende y piensa: *¿Estás ciego? No solo soy una mujer, ¡sino que también soy samaritana!*

Este es justamente el punto. Jesús elige esta ocasión, este lugar y esta mujer para tener una de las mejores conversaciones que alguna vez tendría.

Así como esperó a esta mujer, Jesús está esperando encontrarse con nosotros. A Él no le molesta en lo más mínimo lo que seas, lo que hayas hecho o lo que otros piensen de ti.

Debes creer que Jesús está dispuesto a aceptarte

He aquí un hombre judío hablando con respeto a una mujer samaritana y haciéndole saber que estaría honrado de beber de la mugrienta jarra samaritana contaminada por el pecado. Por primera vez en la vida de ella, un hombre la miraba no con ojos de lujuria sino con ojos de amor.

Entonces, en un instante, Jesús cambia toda la conversación. Al principio, Él estaba sediento y ella tenía el agua, pero ahora Él está a punto de mostrarle que es ella la sedienta y que es Él quien tiene el agua.

Jesús revela con delicadeza lo que los dos saben: ella era una mujer samaritana casada cinco veces que ahora está viviendo con un hombre que ni siquiera era su esposo. No sabemos por qué se había casado cinco veces. Tal vez sus maridos murieron. Quizá sus matrimonios terminaron en divorcio. Podría ser que la mujer no pudiera tener hijos. No se nos dice. Pero como una mosca en una telaraña, ella ha sido atrapada.

La mujer espera ser juzgada, pero lo que sigue es una conversación acerca de la adoración a Dios. Y lo que ella descubre es que cualquiera, sin que importe lo que haya hecho ni quién sea, sin importar lo funesto que fuera el desastre que haya provocado, puede adorar a Dios si lo hace en espíritu y en verdad.

Debería alegrarte que Jesús quiera cambiarte

Después la conversación alcanza una intensidad asombrosa. Las palabras de Jesús son más poderosas en griego, porque lo que declaró fue: Aquel que está hablando contigo es «Yo soy» (Juan 4:26).

Cualquiera que conocía las Escrituras sabía que *Yo soy* es como se llamaba a Dios en el Antiguo Testamento. Jesús está afirmando ser Dios. En ningún registro bíblico, nunca antes Él se había mostrado de modo tan obvio a alguien, declarando exactamente quién era. Y no lo hace a un judío, ¡sino a una samaritana! Ni siquiera a un hombre samaritano, sino a una mujer samaritana. Ni siquiera lo hace a una mujer samaritana digna de respeto y pura, sino a una mujer casada cinco veces que estaba viviendo con un hombre que no era su marido. En ese instante, creyendo que había sido transformada, dejó caer el cántaro de agua y fue corriendo al pueblo a predicarles a sus amigos.

Jesús no *tenía que* pasar por Samaria. Sin embargo, decidió ir a una aldea remota para extender la gracia y el amor de Dios a una mujer rechazada, una que descubrió que había estado sedienta porque había estado bebiendo la clase equivocada de agua.

Oración de esta semana: *Señor, enséñame a ver a los demás del modo que tú los ves: como personas dignas de tiempo, de atención y de agua viva. Muéstrame esta semana quién está sediento de ti.*

Pregunta de esta semana: ¿Recuerdas qué es estar desesperadamente sediento de Aquel que satisface de verdad?

41

Un tesoro más valioso

Pasajes bíblicos de esta semana:

- Marcos 10:17-22
- Romanos 12:1-2
- Tito 3:4-8

- Eclesiastés 5:10-20
- Ezequiel 18:4-9

Perdedores que ganan, ganadores que pierden

Hace varios años, el *Gran perdedor* debutó en la televisión y desde entonces ha fascinado a millones de espectadores. Si alguna vez has visto el programa, se trata de personas que compiten con otros participantes para ganar un gran premio de un cuarto de millón de dólares al perder el mayor porcentaje de peso corporal en determinado período.

Los que *han* observado el programa podrían conocer el nombre de Michael Ventrella, quien fue el más grande perdedor en la novena temporada del programa. Este pinchadiscos de treinta y pico de años de Chicago estableció varios récords en su búsqueda de perder peso.

El hombre pesaba 234 kilos. Para el final de su concurso había perdido 117 kilos y medio. ¡Perdió 50,19 por ciento de su peso corporal! En otras palabras, al final del programa, literalmente era la mitad del hombre que solía ser.

El Evangelio de Marcos describe el encuentro de Jesús con un perdedor aún más grande, ¡quizás el perdedor más grande de todos los tiempos (Marcos 10:17-22)! Jesús se acercó a muchas personas con las que nadie más quería toparse: los fracasados, los rechazados, los desesperados, los perdedores. ¿Pero este tipo? Pudo haberlo tenido todo, tanto económica como espiritualmente. Y sin embargo terminó sin nada. Este hombre pudo haber sido el mayor ganador, pero en lugar de eso se convirtió en el mayor perdedor.

Un dirigente joven y rico

Mateo, Marcos y Lucas llaman rico a este individuo. Mateo dice que era joven. Lucas nos dice que era un dirigente. Por tanto, a menudo se le hace referencia como «el joven rico».

El hombre era acaudalado. Si viviera hoy día, estaría usando zapatos italianos y traje a la medida, e invertiría su dinero en acciones cotizadas. Portaría solo tarjetas de crédito platino y volaría en su propio avión.

El sujeto era joven. En su cultura eso significaba que tenía menos de cuarenta años. Tenía toda la vida por delante. Trabajaba todos los días, estaba en gran forma y tenía perfecta salud.

Además, era un dirigente. Se trataba de un magistrado o de alguien que trabajaba en la oficina del sumo sacerdote. Era respetado y justo, al menos externamente.

Pero ¿cómo terminó siendo el mayor perdedor?

Porque lo más importante que se puede tener en la vida es algo que no puede comprarse con dinero, ni conseguirse por medio de influencia, ni obtenerse mediante relaciones. Este hombre no entendía que el sacrificio es la clave para tener una relación con Cristo. Este gran perdedor pudo haber sido el mayor ganador si solo hubiera comprendido que *para subir tienes que darte por vencido*.

Desea el regalo de la vida eterna

El sujeto de la historia se acerca a Jesús y le pregunta: «Maestro bueno, ¿qué haré para heredar la vida eterna?» (Marcos 10:17).

No le avergüenza que alguien oiga su conversación y se *arrodilla* delante de Jesús. He aquí un dirigente arrodillado a los pies de un carpintero. He aquí un gerente arrodillado a los pies del obrero. La multitud sabía quién era este hombre y les sorprendió que se arrodillara delante de alguien.

¿Por qué el joven era tan testarudo? Porque en su corazón ardía este deseo: quería vida eterna. Se dio cuenta de que tenía que haber más en la vida que lo que estaba experimentando. Al mirar su vida comprendió que faltaba una pieza del rompecabezas. «No estoy desarrollando toda mi potencialidad».

En cierta ocasión le preguntaron a Daniel Webster, el brillante estadista y abogado: «¿Cuál es el pensamiento más grandioso que alguna vez le ha pasado por la mente?». Webster contestó: «El pensamiento más grandioso que alguna vez me ha pasado por la mente es la idea de que un día voy a tener que pararme delante de Dios. Voy a tener que rendir cuentas de mi vida ante Dios».

El joven de esta historia se había dado cuenta de que un día iba a encontrarse con Dios y quería asegurarse que estaba listo.

Le hace una pregunta a Jesús, y Jesús le da la respuesta que el hombre está esperando: puedes tener vida eterna si guardas todos los mandamientos.

Determina el costo de la vida eterna

¿Te sorprende la respuesta de Jesús? ¿Qué hay de la gracia? ¿Y de la fe? Y sin embargo la respuesta es cierta: si alguien puede guardar todos los mandamientos y nunca pecar, sería inmaculado, sería perfecto y tendría vida eterna. Pero a excepción de Jesús, nadie ha conseguido hacer eso alguna vez y nadie lo conseguirá.

Marcos explica: «Entonces Jesús, mirándole, le amó, y le dijo: Una cosa te falta: anda, vende todo lo que tienes, y dalo a los pobres, y tendrás tesoro en el cielo; y ven, sígueme, tomando tu cruz» (Marcos 10:21). Jesús miró a este joven y *sintió amor* por él. El tipo era serio y sincero, y Jesús lo amó lo suficiente como para decirle la verdad.

Recuerda: el hombre acudió a Jesús porque a pesar de que por fuera había cumplido la ley, sabía que algo estaba mal por dentro. Se enfrentó al hecho de que su dinero era su amo. El oro era su dios. La plata era su salvadora.

Lo que Jesús estaba diciéndole era: «Si quieres a Dios en tu corazón, tienes que entregarle tu corazón a Dios».

Decide pagar el precio de la vida eterna

Que el hombre se fuera desalentado puede resultar un poco confuso. Este tipo es rico. No tienes que alejarte triste si eres rico. ¡Te alejas triste si manejas un Ford Pinto de treinta y cinco años de edad y cuatro cilindros! ¿Por qué alejarse teniendo todas esas riquezas habría entristecido al joven rico? He aquí la razón: este hombre se encontró cara a cara con la comprensión de que sus posesiones lo poseían.

Después que combatientes religiosos capturaron Jerusalén durante la

Primera Cruzada, peregrinos de toda Europa occidental comenzaron a visitar la Tierra Santa. Alrededor del año 1100 d.C., un caballero francés formó una organización llamada los Caballeros Templarios, cuyo trabajo era proteger a estos peregrinos durante su visita. Cuando estos caballeros eran bautizados por la iglesia, llevaban con ellos sus espadas. Pero los caballeros no metían con ellos sus espadas debajo del agua, sino que las sostenían en alto fuera del agua mientras eran sumergidos. Estaban diciéndole a Jesús: «Puedes tomar el control de toda mi persona, menos de esta parte. Soy todo tuyo, menos cuando estoy en el campo de batalla. Todo lo que tengo es tuyo, excepto esta espada».

Cuando las personas de hoy día se bautizan, no sostienen en alto una espada, pero mantienen en alto sus billeteras. Sus computadoras portátiles. Las escrituras de sus casas. Sus planes de jubilación. Sostienen en alto su orgullo, sus egos, sus amarguras, sus rencores.[14]

Solo cuando entregas todo a Jesús, puedes evitar convertirte en el mayor perdedor y permitirle que te transforme en el mayor ganador.

Oración de esta semana: *Señor, todo lo que tengo es tuyo. Abre mis ojos a la manera en que me he aferrado a mis bienes y he apartado mi vida de ti. Señor, rindo todo ante ti.*

Pregunta de esta semana: Utilizando los ojos de tu corazón, ¿qué estás sosteniendo en alto conservándolo seco por encima de las aguas bautismales?

---

14. Esta ilustración es del libro de Kyle Idleman *Not a Fan* (Grand Rapids, MI: Zondervan, 2011), p. 204.

42

Un juez compasivo

Pasajes bíblicos de esta semana:

- Juan 8:1-11
- 1 Juan 1:5-10
- Romanos 6:15-23
- Mateo 18:15-20
- Efesios 4:29-32

Pillado en el acto

Una madre había estado tratando de enseñarle a su hijo pequeño a decir la hora usando un reloj no digital. Por varios días se mantuvo hablándole de la «manecilla pequeña» y la «manecilla grande». Un día ella lo oyó entrar a la cocina, donde había un reloj en la pared, con la manecilla grande y la manecilla pequeña en la esfera.

—Carlos, ¿sobre qué está la manecilla pequeña? —preguntó ella desde la habitación.

—¡Sobre una galleta de chocolate! —gritó el niño.

Si te interesa la jerga legal, podrías haberte topado con el término en latín *in flagrante delicto*, que significa «mientras está cometiéndose el delito». Indica que a un delincuente se le ha agarrado en el mismísimo acto de cometer un delito. Podríamos decir: «Agarrado con las manos en la masa».

Sea que lo digas en latín o en castellano, nada podría ser más humillante, vergonzoso o penoso que ser atrapado in fraganti. Esto significa ser agarrado en una situación comprometedora en el asiento trasero de un auto, robando dinero en el trabajo o como me ocurrió, tratando de copiar en un examen de química en el colegio.

Si tienes algo de remordimiento, o un poco de carácter, cuando te pillen con las manos en la masa, sin escape ni escusa, te dejará quebrantado.

Para los quebrantados

Juan relata una historia acerca de una mujer que no solo estaba quebrantada, sino avergonzada y asustada (Juan 8). Estaba avergonzada porque la habían pillado teniendo relaciones sexuales con un hombre que no era su esposo. Y puesto que la habían atrapado, estaba asustada por lo que probablemente le sucedería.[15]

Cada uno de nosotros está representado en esta sórdida historia. Si eres una persona religiosa, estás en la historia. Si eres alguien exageradamente no religioso, estás en la historia. Si eres una persona conservadora que cree que el pecado debe tratarse de una manera directa, aquí hay algo que debes aprender. Si eres liberal y crees que el pecado debe tratarse de un modo tolerante, aquí hay algo para que aprendas.

Sobre todo, si alguna vez has echado a perder algo, has fallado, has seguido el camino equivocado, has tomado la decisión errónea o te han atrapado in fraganti, y te encuentras quebrantado, esta historia demuestra cómo Jesús toma el quebranto y lo convierte en bendición.

Ven a Jesús, Él tendrá compasión de ti

Esta historia ocurre temprano en la mañana y Jesús está dando un estudio bíblico. Los escribas y los fariseos irrumpieron en esta clase bíblica arrastrando a una mujer a la que habían sorprendido en el acto de adulterio. No están preocupados por ella, quien solo es un peón en el tablero de ajedrez del enfrentamiento.

Estos fariseos creen que han agarrado a Jesús en una trampa y la atmósfera está llena de expectativa.

Extrañamente, Jesús se inclina y escribe en el suelo con el dedo.

¿Qué estaba escribiendo? Solo podemos especular, pero ya que la palabra griega que Juan elige para «escribía» significa «escribir contra»,

---

15. Quizá en algunas biblias hayan puesto corchetes alrededor de este pasaje de las Escrituras con una nota indicando que esta historia no se encuentra en algunos de los manuscritos disponibles más antiguos del Nuevo Testamento. Sin entrar en detalles, muchos estudiosos creen que esta historia no solo tiene un fuerte apoyo en manuscritos, sino que parece fiel a lo que sabemos acerca de Jesús. También se ajusta al contexto de lo que está antes y lo que viene a continuación.

¡sospecho que Jesús estaba escribiendo los pecados de los cuales eran culpables estos fariseos y escribas! Tal vez la primera palabra que plasmó fue *hipocresía*. A medida que Él escribía, los fariseos iban marchándose uno a uno.

Esto me recuerda a Sir Arthur Conan Doyle, autor de los misterios de Sherlock Holmes, a quien le encantaban las bromas pesadas. Una vez, como una de estas bromas, envió un telegrama a doce de sus amigos, todos muy respetados y conocidos. El telegrama anónimo decía: «Huye de inmediato. ¡Tu secreto se ha descubierto!».

En veinticuatro horas, los doce habían abandonado el país.

Aunque esa historia podría ser de leyenda, la que Juan transmite no lo es. Los fariseos estaban en el negocio de lanzar piedras. Jesús estaba en el negocio de sanar el pecado. Ellos estaban en el negocio de culpar y Jesús estaba en el negocio de conceder gracia.

Confiesa a Jesús y Él eliminará tu culpa

La primera palabra que salió de la boca de Jesús le hizo saber a esta mujer que Él era totalmente distinto de cualquier otro hombre que había conocido. Para empezar, Jesús utiliza el término *mujer* cuando se dirige a ella. A diferencia de hoy día, el nombre transmitía respeto, del modo que ahora podríamos usar *dama*. Cuando se hallaba en la cruz, Jesús usó la misma palabra para hablarle a su propia madre.

Al oír esta voz llena de ternura y bondad, la mujer es todo oídos, y se pregunta qué iría a decirle Jesús. Entonces Él pronuncia esas palabras mágicas que fueron música para los oídos de ella… y los nuestros: «Ni yo te condeno».

Cómo me gustaría tener una foto de la mirada de esta mujer en ese momento. Jesús y la adúltera han quedado solos. El jurado se ha ido y, de repente, la mujer ha pasado de estar en la sala del tribunal a estar en el despacho del juez. Ella está esperando el veredicto, el cual sabe que será: *culpable*. Sin embargo, el juez dictamina: «Ni yo te condeno».

Si alguna vez te has preguntado cómo reacciona Dios cuando fallas, cuando te metes en líos, cuando lo estropeas todo, cuando eres culpable, entonces debes enmarcar estas palabras y colgarlas en la pared de tu corazón.

Comprométete con Jesús y Él te guiará hacia la bondad

Todos hemos oído muchas veces el dicho: «Dios ama al pecador, pero odia el pecado». Esta es una declaración teológicamente cierta. El pecado de la mujer de esta historia fue perdonado, pero no fue *excusado*. Jesús no se hizo la vista gorda ante este pecado. Jesús no *la* condenó, pero sí condenó el pecado cometido por ella.

No solo tenemos el derecho de condenar cualquier cosa que la Biblia condena, sino que tenemos la responsabilidad de hacerlo. Condenar el pecado no es lo mismo que juzgar al pecador. Jesús le declaró a esta mujer dos cosas que van de la mano: «Ni yo te condeno; vete, y no peques más».

Jesús nos ama tal y como somos, pero nos ama demasiado como para dejarnos así. Condenar a los pecadores no es mi trabajo ni el tuyo. Pero condenar el pecado sí lo es.

Jesús nos concede misericordia y nos quita la culpa para poder llevarnos a la bondad. Cuando esta mujer encontró a Jesús, cuando recibió compasión y se arrepintió de su pecado, su quebranto se convirtió en bendición. Y tú estás invitado a dejar que Jesús haga lo mismo por ti.

Oración de esta semana: *Señor, muéstrame dónde estoy en esta historia de tu gracia. Transforma mi vida a medida que me alejo de cualquier pecado que me esté separando de ti.*

Pregunta de esta semana: ¿Dónde te encuentras en esta historia? ¿Empuñando piedras o expuesto como un pecador quebrantado?

43

Siempre disponible, siempre accesible

Pasajes bíblicos de esta semana:

- Marcos 5:25-34
- Hebreos 4:14-16
- Marcos 10:13-16
- Mateo 19:13-15
- Lucas 18:35-42

Tan cerca como para tocarlo

¿Has estado alguna vez cerca de alguien famoso o de alguien a quien admiras, y has querido alargar la mano y tocarlo? Yo sí.

Un amigo y yo fuimos al club nacional de golf de Augusta para ver el torneo de maestros. Estábamos de pie en un cordón de seguridad que era de menos de un metro de ancho, un pasillo donde los jugadores caminaban de un punto de salida al siguiente. Levanté la mirada y aquí venía un joven fenómeno que había impresionado al mundo del golf. Su nombre era Tiger Woods. Mi corazón estaba a punto de salírseme del pecho. Tiger se hallaba a mi lado y comencé a estirar el brazo para darle una palmadita en el hombro cuando me miró fijamente a los ojos, como si dijera: «Ni siquiera lo pienses».

Más tarde reflexioné en mi comportamiento necio y en lo ridículo que me sentí. No quería que me diera un autógrafo ni conversar con él; solo quería extender la mano y tocarle la camisa.

Desde entonces me he preguntado cuántas veces he estado rodeado por personas que solo necesitaban saber que yo estaba consciente de que estaban allí, de que alguien se preocupaba por ellas, pero seguramente me encontraba tan enfocado en lo que estaba haciendo que no les puse atención.

El capítulo cinco del Evangelio de Marcos describe a una mujer que llegó a saber, sin ninguna sombra de duda, que alguien la notó y se interesó en ella.

Encuentro con Aquel que ayuda

De viaje con sus discípulos, Jesús está en medio de un bullicioso gentío. Las personas se abren paso a empujones solo para mirarlo, solo para poder decirles a sus nietos que vieron a Jesús. Los padres sostienen en alto a sus hijos para que estos puedan verlo. Tal vez hay personas que, al igual que Zaqueo, se han trepado a árboles solo para tratar de verle el rostro.

A lo largo del «cordón de seguridad», atrapada en el bullicio de la multitud, se encuentra una mujer con una terrible enfermedad que le está socavando la vida. Un flujo continuo de sangre la está matando de forma lenta pero segura. Entre empujones y codazos, nadie nota a la pequeña mujer que está débil, enferma y avergonzada. Con timidez, pero con valor y con férrea determinación, se abre paso a través del gentío.

Cuando extiende la mano con fe para tocar el borde del manto de Jesús, se detiene al instante el sangrado que ha atormentado a esta mujer. Además de un milagro físico, este fue un milagro emocional y espiritual.

Esta dama necesitaba lo que necesitan todos los seres humanos heridos: ayuda y esperanza. Jesús le ofreció ambas cosas. Y cuando nuestras vidas imitan a Jesús, Él nos trae personas lastimadas para que podamos ofrecerles ayuda y esperanza.

Debemos dar a la gente lastimada la amabilidad de nuestra presencia

La desesperada mujer tenía un desorden menstrual crónico. Había estado sangrando por doce años. Estaba físicamente cansada, socialmente marginada y mentalmente agotada. Había buscado ayuda, pero «había sufrido mucho a manos de varios médicos» (Marcos 5:26, NVI). El Talmud, un antiguo escrito judío, brinda once curas diferentes para la condición que esta mujer tenía. Ella había tratado cada una sin que nada ocurriera. Además de todo esto, la mujer estaba económicamente en bancarrota. Había «gastado todo lo que tenía». Sin embargo, cada día despertaba en un cuerpo que nadie quería. Cada día despertaba a una vida solitaria. Creo que el mayor dolor que la enferma padecía era el dolor del aislamiento.

Esta mujer necesitaba una cura. Necesitaba misericordia. Necesitaba en su vida la presencia de alguien que estuviera dispuesto a sacar tiempo de su horario apretado para hacerle saber: «Me preocupo por ti» y «estoy aquí para ayudarte».

A nuestro alrededor hay personas como esta mujer. Se han burlado de ellas, las han ridiculizado y aislado, y necesitan la presencia de alguien en sus vidas.

Debemos dar a la gente lastimada la atención de nuestras mentes

Jesús se dirige a ayudar a la hija moribunda de un hombre llamado Jairo, dirigente de una sinagoga y la persona más importante en esa comunidad. Todos querían acercarse a Jesús, pero Jairo tenía prioridad. Nadie quería obstaculizarlo. Una palabra de él, y podrías quedar expulsado de la sinagoga, es decir, en la lista negra.

¿Cuáles eran las posibilidades de que Jesús interrumpiera una misión urgente con el hombre más importante de la comunidad para ayudar a una marginada social y económicamente en bancarrota como esta mujer? Si los miembros de la multitud hubieran averiguado quién era ella, habrían salido huyendo porque la consideraban impura.

La mujer decidió arriesgarse porque alguien le había hablado de Jesús. Alguien se había interesado lo suficiente por ella como para decirle: «Conozco al que puede ayudarte».

Ella creyó, porque estiró la mano y tocó el borde del manto de Jesús.

Siempre que ese manto es tocado, ya sea por la mano de una mujer gravemente anémica en Galilea o por las súplicas de una persona desamparada cerca de ti hoy, Jesús se detiene. Jesús responde. Jesús le hace saber a esa persona lastimada: «No eres insignificante por lo que no tienes; al contrario, eres importante por quién eres».

Debemos dar a la gente lastimada el afecto de nuestros corazones

Cuando esta mujer tocó a Jesucristo, sucedieron dos cosas que nunca antes habían ocurrido y que nunca volvieron a suceder en la Biblia.

En primer lugar, al parecer de manera inconsciente Jesús sana a alguien. Cuando esta mujer le tocó el borde del manto, de modo automático e instantáneo se liberó poder de Él. Lo que detonó la ayuda que Jesús brindó fue la necesidad de ella. Así es como Dios actúa.

Además, esta es la única vez que Jesús se dirige a una mujer llamándola «hija». Lo más probable es que ella no recordara la última vez que alguien le hubiera brindado una palabra amable. No podía recordar la última vez que alguien la mirara a no ser con disgusto y pesar. Pero con una mirada de amor que solo Jesús podía dar y con gran ternura la llama «hija».

León Tolstoi, el gran escritor ruso, habla de la ocasión en que, mientras caminaba por la calle, pasó junto a un mendigo. Metió la mano en el bolsillo para darle un poco de dinero, pero el bolsillo estaba vacío. Se sintió mal. En lugar de tan solo hacer caso omiso al pordiosero y seguir caminando, León se volvió hacia él.

—Hermano mío, siento mucho no tener algo que darte —le manifestó.

El rostro del mendigo se ensanchó en una sonrisa del tamaño de una media luna.

—Señor, usted me ha dado más de lo que alguna vez pude haberle pedido: me ha llamado «hermano» —respondió el indigente.

Tú y yo estamos llamados a hacer lo mismo: ministrar la gracia, el amor y el poder de Jesucristo, ser el borde del manto del Maestro.

Oración de esta semana: *Señor, otórgame la fe de aquella mujer que creyó en tu poder para curar, y permíteme ministrar en tu nombre a quienes sufren.*

Pregunta de esta semana: Si conoces a Jesús, ¿estás hablándoles a otros acerca de Él para que también puedan ser curados?

44

Nuestro mejor amigo

Pasajes bíblicos de esta semana:

- Lucas 19:1-10
- Lucas 7:31-34
- Mateo 9:9-13
- 1 Timoteo 1:12-17
- Miqueas 4:6-7

Rechazado por otros

Según todas las apariencias, Vicky Harrison de veintiún años era una rubia hermosa y alegre con agradable personalidad, gran ambición y un futuro al parecer brillante. Trágicamente se suicidó después de mandar más de doscientas solicitudes de empleo sin éxito. Ella había soñado con una carrera como profesora o productora de televisión, pero perdió la esperanza del futuro. Escribió notas desgarradoras a sus padres y su novio en que declaraba: «Nunca más quiero ser yo», consumió una enorme dosis de medicinas y murió. No pudo vivir más con la idea del rechazo.

Alguien que también había experimentado rechazo fue un hombre llamado Zaqueo. Su historia se encuentra en Lucas 19. El evangelista nos informa que Zaqueo era uno de los jefes de los recaudadores de impuestos. Se trataba de un ladrón y traidor. Su familia lo había repudiado, sus amigos lo habían abandonado y todo el mundo lo despreciaba. Era odiado y estaba condenado al ostracismo por lo que había hecho. A diferencia de Vicky, a diferencia de muchos, irónicamente este hombre se había ganado su rechazo de manera *sincera*.

El nombre Zaqueo significa «puro» o «inocente». Zaqueo era todo menos eso. Era deshonesto y culpable. Todos en su comunidad habrían sabido quién era y conocían la reputación sórdida de este canalla. Y siempre que fuera posible se habrían escondido de él.

Rechazo razonable

En tres ciudades de Israel se recaudaban impuestos: Capernaum, Jericó y Jerusalén. Jericó, a veintisiete kilómetros al noreste de Jerusalén, era la más lucrativa. Como población fronteriza asentada en una encrucijada internacional, se trataba de un lugar donde convergían todos los grandes caminos del norte, sur, este y oeste.

Zaqueo no era solo un recaudador de impuestos, sino un *jefe* de recaudadores. En otras palabras, tenía publicanos que trabajaban para él. Era como el director ejecutivo de una organización de recaudación de impuestos, con subordinados que salían y hacían el trabajo sucio para luego entregarle la mayor parte del beneficio. Zaqueo era un padrino. Era el ladrón principal del departamento de impuestos romano en confabulación con el gobierno de Roma.

En la cultura del siglo I, a un jefe de recaudadores de impuestos se le consideraba nada mejor que un asesino, depravado o ladrón. Los recaudadores ofertaban por la posición, pues sabían que por alta que fuera la suma de dinero, la compensarían con creces. Se les asignaba una cuota de impuestos por cobrar, pero ellos no se limitaban a esa cuota. Obtenían dinero añadiendo un recargo u honorario del usuario, por así decirlo. Ese recargo podía ser tan elevado como quisieran, ¡y sus prójimos tenían que pagarlo!

Entonces Jesús llegó a la ciudad, demostrando cómo podemos extendernos hacia los rechazados y lo que les ocurre cuando reciben a Cristo.

Debemos ser atractivos para quienes se sienten rechazados

Todos en la ciudad habían salido para ver a Jesús. Las calles estaban abarrotadas. Cada asiento en el frente estaba ocupado. Solo quedaba espacio para estar de pie.

Zaqueo, que probablemente no medía más de un metro cincuenta, corre y se encarama a las ramas de un sicómoro para ver a Jesús. Este detalle nos parece sin importancia, pero resulta significativo. En el primer siglo se consideraba indigno y hasta obsceno que un hombre se trepara a un árbol. Pero este jefe de recaudadores hizo a un lado su dignidad con el fin de ver a Jesús.

¿Por qué estaba tan decidido? Quizá porque Jesús se había ganado la reputación. La gente lo llamaba glotón y borracho, amigo de recaudadores de impuestos y pecadores (Lucas 7:34). Quienes no se sentían amados por todos los demás se sintieron amados por Jesús.

Mientras más amados se sientan quienes no son seguidores de Cristo por parte de quienes sí lo somos, más receptivos podrían estar para seguir a Cristo. Específicamente, debemos ser atractivos ante ellos por la manera en que los amamos, por la forma en que los respetamos y por el modo en que los tratamos.

Debemos sentirnos atraídos hacia quienes se sienten rechazados

Zaqueo aparece en la Biblia no porque estuviera buscando a Jesús sino porque Jesús lo estaba buscando. Si Jesús hubiera pasado por ese árbol sin levantar la mirada, ni siquiera habríamos sabido quién era Zaqueo. ¡Jesús encontró a quien andaba buscando!

Por eso le declaró: «Zaqueo, date prisa, desciende, porque hoy es necesario que pose yo en tu casa» (Lucas 19:5). El Señor no dijo: «Me gustaría quedarme en tu casa», sino: «Es necesario que me quede en tu casa. Quiero alojarme en tu casa. Voy a permanecer en tu casa».

Zaqueo siempre consumía en soledad la cena del Día de Acción de Gracias. Cuando cocinaba, tan solo necesitaba un filete porque nadie más comía con él. Esta es la única ocasión en que se nos dice que Jesús mismo se invitara para ser huésped de alguien, y eligió a un jefe de publicanos.

Jesús pudo haberse quedado con cualquiera que gustosamente lo habría aceptado. Pero Jesús no pidió quedarse en casa del alcalde de la ciudad, del presidente del banco, del rabino de la mega sinagoga, ni del jefe de policía. Extendió su ofrecimiento al rechazado.

Debemos estar atentos a quienes se sienten rechazados

No se nos dice qué sucedió en casa de Zaqueo. No sabemos si Jesús fue a cenar o incluso a pasar la noche. No sabemos de qué hablaron. Pero independientemente de lo que hubiera ocurrido ese día, Zaqueo reconoció su culpa y se convirtió (Lucas 19:8-9). Jesús estuvo atento a la gran miseria de este hombre. La mayor necesidad de Zaqueo no era ser aceptado por la ciudad o ser aceptado por otros, sino aceptar a Cristo.

Según la ley, si un ladrón confesaba voluntariamente haber robado algo, tenía que restaurar solamente lo que había robado más el veinte por ciento de intereses. Zaqueo resultó tan transformado que prometió devolver mucho más de lo que le correspondía.

Imagínate que contestas a un toque en la puerta y te encuentras frente a Zaqueo.

—¡Ladronzuelo! —exclamas con ira en tus ojos—. ¿Qué quieres?

—¿Sabes cuánto te he quitado en los últimos años? —pregunta él.

—Sí, ¡cien siclos!

—Tienes razón, son cien siclos —contesta Zaqueo después de revisar sus libros—. Aquí tienes tus cien siclos, y cuatrocientos siclos más. ¿Nos hace eso estar en paz?

—¿Qué… qué ha sucedido contigo?

—Conocí a Jesús y me he enterado que Dios recibe a los rechazados y se regocija cuando se arrepienten —responde sonriendo el pequeño hombrecito con lágrimas en los ojos.

Cuando Jesús entra en tu vida, no solo te hace estar en paz con Él, sino que también hace que quieras estar a cuentas con los demás.

Oración de esta semana: *Señor, concédeme tu visión para notar a quienes son rechazados y preocuparme por ellos. Ayúdame a moverme hacia los que amas y que se hallan marginados.*

Pregunta de esta semana: Ahora mismo, ¿quiénes en tu vida se sienten rechazados?

Jesús, el líder

Pocas palabras son más discutidas por gerentes, pastores, empresarios y políticos que *liderazgo*. Cuando queremos aprender a dirigir, a menudo nos fijamos en aquellos cuyos nombres aparecen en portadas de libros y tarjetas comerciales de lujo. Sin embargo, ¿qué pasa con el líder que más seguidores reclama que cualquier otra persona en el mundo? ¿Qué hizo a Jesús tan gran líder? La respuesta tiene el poder de transformarnos en personas de influencia e impacto.

45

La norma de la grandeza

Pasajes bíblicos de esta semana:

- Marcos 9:30-35
- Mateo 20:20-28
- 1 Pedro 4:7-11
- Filipenses 2:1-8
- 1 Corintios 9:19-23

¿Quién es el más grande?

Si quieres empezar un debate en cualquier momento, donde sea, en cualquier lugar, simplemente pregunta: «¿Quién es el más grande _____ de todos los tiempos?». Tendrás una conversación animada o una acalorada discusión.

Por ejemplo, ¿quién es el presidente más grandioso de todos los tiempos? Muchos mencionarían a Abraham Lincoln. Otros dirán que fue George Washington. Otros más afirmarán que fue Franklin Delano Roosevelt.

¿Quién es el golfista más grande de todos los tiempos? Algunos dirán: «Sin duda, Tiger Woods». Él es el único golfista que ha tenido al mismo tiempo todos los cuatro títulos importantes, aunque no ha ganado tantos títulos trascendentales como Jack Nicklaus. ¿Quién es el jugador de básquetbol más grande de todos los tiempos? Muchos dirán que Michael Jordan. Pero Jordan solo ganó seis campeonatos de la NBA, mientras que Bill Russell ganó once. ¿Quién puede decir que él no es el más grande?

¿Quién es el actor o la actriz más grande de todos los tiempos? ¿Quién ganó más trofeos Óscar o produjo las mayores ventas? El debate es interminable.

Lo que falta es un consenso claro de cómo definimos y medimos «al más grande de todos los tiempos».

La forma en que el mundo mide al más grande podría estar de acuerdo o no con los parámetros de Dios para la grandeza.

Una nueva medida

A menudo pensamos en grandeza en términos de *acumulación* y *logro*. Las personas a quienes tendemos a llamar grandes son individuos que, o *tienen* mucho o han *logrado* mucho. Equiparamos grandeza con éxito. Las medidas que utilizamos son *cuán grande*, *cuánto* o *cuántos*. Si esos son los criterios, pocos de nosotros calificaríamos incluso para las semifinales de convertirnos en los más grandes.

No obstante, sospecho que hay muchos (¡tal vez incluso tú mismo!) que podrían ser tenidos en cuenta. Pero yo no utilizaría la definición del mundo; usaría la *de Dios*. Existe una diferencia entre hacer grandes cosas y ser una gran persona.

En varias ocasiones, Jesús instruyó a sus discípulos, y nos instruye ahora, en cuanto a la verdadera grandeza. Si tienes incluso una cucharada de deseo de ser considerado grande ante los ojos de Cristo, debes conocer el secreto de Jesús para la grandeza: *el servicio*.

El mundo mide la grandeza por cuántas personas te sirven. Jesús mide la grandeza por la cantidad de personas a las que sirves. El mundo mide la grandeza por quién está en el primer lugar. Jesús mide la grandeza por quién está en el último lugar. El mundo mide la grandeza por los que reciben, pero Jesús mide la grandeza por los que dan. Por eso es que creo que el modo en que servimos a otros es entregando nuestras vidas.

Enfócate en servir del modo correcto

En una ocasión, relatada para nosotros en Mateo 20, la madre de Jacobo y Juan vino a Jesús pidiendo: «Quiero que mis chicos sean tu equipo de estrellas. Pretendo que sean la atracción principal. Anhelo que tengan asientos en primera fila. Deseo que sean grandes». Si somos sinceros, ella no es muy diferente de lo que somos nosotros. Todo el mundo quiere ser el primero: primero en la fila, primero en ser elegido, primero en ser notado, primero en ser elogiado. Todo equipo en todo deporte quiere ser el último en pararse al final de cada temporada y decir: «¡Somos el número uno!».

Cuando los otros diez discípulos se enteraron de la imprudente solicitud, se enojaron. Y si hubieras sido Pedro, Andrés, Felipe o cualquiera de los demás, ¡también te habrías enojado! De repente, todos están compitiendo por la posición. Cada uno quiere ser el más grande.

Pero Jesús invierte la forma en que ellos enfocan la grandeza y explica: «Entre vosotros no será así, sino que el que quiera hacerse grande entre vosotros será vuestro servidor» (Mateo 20:26).

Jesús cambia completamente el concepto de grandeza.

Si pretendes buscar grandeza a la manera de Jesús, ten cuidado. Si decides preocuparte más por servir que por ser servido, se va a desatar una guerra en tu mente y en tu corazón. Es una guerra entre servicio y egocentrismo.

Valora servir del modo correcto

No hay nada malo en querer ser el primero si comprendes dónde está el primer lugar. Jesús explica a sus amigos: «Si alguno quiere ser el primero, será el postrero de todos, y el servidor de todos» (Marcos 9:35).

¿Quieres ser el número uno? Entonces este es el secreto: busca toda oportunidad que puedas para ser el número dos. ¿Quieres ser considerado alguien que está entre los más grandes de todos los tiempos? Entonces aprende esta lección: la grandeza empieza por abajo. ¿Quieres ser como Jesucristo? Encuentra la posición menos deseada. Encuentra un trabajo que nadie quiere hacer. Encuentra el peor asiento en la casa.

Hace poco encontré una pepita de sabiduría, y aunque no tengo idea de quién la hizo, si lo supiera le estrecharía la mano y le agradecería: «El problema básico en la situación humana es que las personas quieren hacer tan poco como sea posible y recibir tanto como sea posible. Es solo cuando están llenas con el deseo de depositar en la vida más de lo que extraen, que la existencia para sí mismas y para otros estará saturada de dicha y prosperidad».

Para Jesús, la grandeza no viene de lo que acumulas o consigues. Viene de cuánto y de cómo sirves. El momento en que eliges tener un espíritu de siervo, un corazón de siervo y una actitud de siervo, entonces tu Creador declara: «Eres grande».

Ejerce el servicio del modo correcto

Jesús expresó con claridad: «¿Quieres estar al principio de la fila? Ocupa el último lugar de la fila».

La declaración de la misión de la iglesia en Atlanta, donde sirvo, dice: «Ama a Dios, sirve a los demás y cuenta tu historia». Esperamos, invitamos y animamos a que las personas *sirvan*. Incluso a quienes aún no aman a Dios siguiendo a Cristo y hasta a quienes aún no tienen esa historia de gracia que contar. Creemos que cualquiera puede servir a los demás, tanto dentro como fuera de la iglesia. Cuando alguien quiere entregar su vida en servicio, le ayudamos a encontrar oportunidades de usar sus dones para servir a otros en las necesidades que puedan tener.

Algunos de los mejores chicos en mi iglesia son los que sirven en el estacionamiento, en medio de lluvia, nieve, calor y granizo. Entre los más grandes están los anfitriones en la puerta. Incluso otros grandes son los que semana a semana cuidan de los bebés en nuestra iglesia, los adultos y adolescentes que trabajan en nuestro ministerio de niños y estudiantes, y los chicos en la cabina de sonido.

A los ojos de Jesús y los míos, ellos son los más grandes.

¿Puedes ver a los grandes a tu alrededor?

Oración de esta semana: *Señor, dame un deseo santo de ser grande en tu reino dando mi vida a otros y testificando de tu grandeza.*

Pregunta de esta semana: Según la nueva economía de Jesús, ¿quiénes son los sorprendentes grandes en tu comunidad?

46

Siervo de todos

Pasajes bíblicos de esta semana:

- Juan 13:1-17
- Romanos 12:3-8
- Marcos 10:35-45
- Hebreos 6:9-12
- Gálatas 5:13-15

Un cambio sorprendente de rumbo

¿Sabes por qué disfrutamos un masaje, un arreglo de uñas o ir a un hotel lujoso, o incluso a un restaurante a comer? Nos gusta ser servidos. Nos encanta que otras personas nos atiendan.

Pero hacia el final de su ministerio, Jesús da vuelta y cambia completamente ese impulso humano natural.

Fuera de la crucifixión, Juan 13 ofrece posiblemente la imagen más asombrosa del Hijo de Dios en cualquiera de los cuatro Evangelios. Juan describe a Jesús haciendo algo que no haría ningún otro judío o gentil que se respete, a menos que esa persona esté en el peldaño más bajo de la escalera social: un esclavo.

¡Jesús lava los pies apestosos de sus amigos!

En realidad, hay mucho más en esta historia que lavar pies sucios, porque Jesús explica: «Lo que yo hago, tú no lo comprendes ahora; mas lo entenderás después» (Juan 13:7). Hay un significado y un mensaje más profundos para los discípulos de Jesús y para nosotros, porque principalmente Él no estaba tratando con los pies de alguien. Estaba hablando del *corazón* de una persona.

Más que nada, Jesús desea dos cosas de sus seguidores: un corazón rendido y un espíritu de siervo. Nos encanta ser servidos, pero Jesús tenía una agenda totalmente distinta. Él demuestra que existe un gozo mucho mayor en servir que en *ser* servidos.

Mira las oportunidades

Jesús sabe que es Dios. Sin embargo, se prepara a lavar los pies sucios y malolientes de sus discípulos y secarlos con una toalla. Está dispuesto a realizar por sus discípulos una tarea que era tan denigrante y degradante, que los discípulos no la harían por Él, mucho menos por los demás.

En el siglo I, la gente no usaba zapatos. Andaban descalzos o usaban sandalias. No tenían aceras ni calles pavimentadas. Al contrario, caminaban sobre la tierra y el barro. Cuando llegaban invitados a una casa, estos se quitaban las sandalias en la puerta y, por lo general, un criado estaba allí para lavarles los pies. Y en un salón alquilado de banquetes como este debía haber un asistente para lavar los pies. Pero es evidente que, en la Última Cena, no había sirviente que hiciera esto. Por eso los discípulos se apretaron la nariz, contuvieron el aliento y permanecieron con los pies sucios.

¿Por qué ninguno de estos discípulos vio esta necesidad? Su problema era el mismo con que luchamos en nuestra época: estaban enfocados en sí mismos; Jesús estaba enfocado en ellos. Los discípulos estaban buscando ser el número uno; Él estaba buscando los números del uno al doce.

Al igual que nosotros, los discípulos debían abrir los ojos. Nosotros debemos ver a los heridos, los desesperados, los desamparados y los dolidos que están a nuestro alrededor como una oportunidad de que seamos usados con el propósito de tocar y cambiar vidas para la gloria de Cristo.

Sirve a otros

¿Sabes qué estaban haciendo estos discípulos antes que Jesús les lavara los pies? Créelo o no, ¡estaban discutiendo quién de ellos era el más grande! Se hallaban tan ocupados preocupándose y peleando por quién sería el mandamás, por quién sería el número uno y quién obtendría el mejor asiento en el reino, que se olvidaron de ocuparse de sus pies sucios (Lucas 22:24-30).

Por eso, Jesús se quita la prenda exterior y se queda en ropa interior. Dejando totalmente desnudas las piernas y la parte superior del cuerpo, toma una toalla y empieza a realizar esta tarea increíblemente fútil, de baja categoría y casi humillante de lavar pies. Todos hemos oído el dicho: «tirar la toalla». En este caso, Jesús estaba «tomando la toalla».

¿Ver las manos del santo Hijo de Dios lavando los pies sucios de hombres pecadores? Eso no está bien. Los discípulos debían haberle lavado los pies a Él. Pero todo el tiempo estuvieron discutiendo, mientras la vasija con agua yacía en el rincón y la toalla en el suelo. Nadie está dispuesto a levantar una mano para ayudar… excepto Jesús.

Por desdicha, algunas cosas nunca cambian.

Lo mismo de siempre

Vivimos en un mundo que se la pasa preguntando: «¿Qué tan alto estás en la empresa?», «¿Cuánto dinero ganas?» y «¿Cuántas personas están bajo tu mando?».

Al mismo tiempo, el Señor pregunta: «¿Qué tan bajo estás?» y «¿A cuántas personas estás sirviendo?».

En cuanto a servir a la gente, no puedes tener favoritismo. Recuerda Juan 13:2: «Cuando cenaban, como el diablo ya había puesto en el corazón de Judas Iscariote, hijo de Simón, que le entregase», Jesús se agachó y le sirvió al individuo cuyos pies estaban embarrados con la suciedad de la deslealtad. Jesús sirvió al traidor de la misma forma que sirvió a los demás discípulos.

Esto no surge de manera natural. No es natural *no* tratar de ser el número uno. Lo que sí es natural para nosotros es decir: «Sálvese quien pueda». Lo natural es declarar: «Ese no es mi problema».

Jesús explica: «Ejemplo os he dado, para que como yo os he hecho, vosotros también hagáis» (Juan 13:15).

Jesús no estaba diciéndonos que debemos lavar literalmente pies. No estaba estableciendo otro ritual más. Estaba diciéndonos que *pensemos de la misma manera*.

Rindámonos

Pedro le dijo a Jesús: «No me lavarás los pies jamás». Creo que es probable que la respuesta del Señor hubiera sido: «Pedro, ¡es mejor que me dejes lavarlos, porque estás a punto de meter la pata!». Jesús está a punto de hacer por Pedro lo que Pedro debió haber estado haciendo por Jesús. Y cuando Pedro trata de negarse, Jesús le advierte: «Si no te lavare, no tendrás parte conmigo» (Juan 13:8).

Es evidente que esto conmocionó profundamente a Pedro, porque pasó de «no me lavarás los pies jamás» a «Señor, no sólo mis pies, sino también las manos y la cabeza». Jesús explicó que cuando le rindes tu vida sucia, Él te baña en su gracia, en su amor y en su perdón. A sus ojos quedas completamente limpio.

La negativa de Pedro parece humildad, pero en realidad era orgullo. No solo que Jesús estaba haciendo por Pedro lo que este debía haber estado haciendo por el Maestro, sino que, en cierto modo, Pedro estaba negando que sus pies estuvieran sucios.

Las buenas nuevas del evangelio son que una vez que Jesús nos baña en las aguas de su gracia salvadora, nunca necesitaremos otro baño. Sin embargo, nuestros pies se ensuciarán. Una vez que nos rendimos a Él y admitimos que necesitamos que nos limpie, solo entonces veremos cada día las oportunidades de seguir su ejemplo y satisfacer las necesidades de otras personas.

Oración de esta semana: *Señor, gracias porque me has limpiado de pies a cabeza. Enséñame a ser humilde, como tú, sirviendo a otros en tu nombre.*

Pregunta de esta semana: ¿De qué maneras está Jesús invitándote a «lavar pies» esta semana?

47

El vencedor

Pasajes bíblicos de esta semana:

- Mateo 4:1-11
- Santiago 4:6-8
- Santiago 1:12-15
- 1 Corintios 10:6-13
- Hebreos 2:14-18

La pelea del siglo

Yo era estudiante de primer año en la universidad el 8 de marzo de 1971, cuando se llevó a cabo «la pelea del siglo». Me hallaba muy emocionado y solo podía informarme por la radio. En todo el recinto universitario únicamente se hablaba de la pelea. Por primera vez en la historia iba a haber un combate de pesos pesados entre un ex campeón y el actual campeón invicto. Joe Frazier se enfrentaba a Mohammad Alí.

Frazier tenía veintisiete años de edad, veintiséis victorias y ninguna derrota, con veintitrés nocauts. Alí tenía veintinueve años, treinta y una victorias y cero derrotas, con veinticinco nocauts. Ninguno de los dos había perdido.

Las entradas valían 150 dólares cada una y trescientos millones de personas en todo el mundo estaban viendo la pelea. Tanto Alí como Frazier tenían garantizada la suma sin precedentes de dos millones y medio de dólares cada uno.

Nunca olvidaré cuando dieron la noticia por la radio de que Joe Frazier había derrotado a Mohammad Alí y había retenido el título de campeón mundial de pesos pesados. Todos los estudiantes en el dormitorio estallaron, unos de felicidad y otros de frustración, pero nadie dudó que la pelea hubiera estado a la altura de las circunstancias.

Sin embargo, la verdadera pelea de todos los siglos tuvo lugar hace dos mil años, y se describe de manera convincente en Mateo 4:1-11. Al pensar en su impacto en la historia humana, podríamos etiquetarla como el campeonato definitivo de pesos pesados de todos los tiempos.

Feroces competidores

En una esquina se hallaba el mismo diablo. La mayoría de apostadores lo habría tenido como el favorito para la pelea. Estaba fresco. Había entrenado duro. Tenía todo el respaldo del infierno. Había estado planeando su ataque desde el inicio del tiempo, y había infligido al menos una derrota a todo oponente que había enfrentado.

En la otra esquina se encontraba Jesucristo. El más débil. Había estado en el caluroso desierto durante cuarenta días y no había comido nada. Luchaba contra Satanás y todas las fuerzas del infierno totalmente solo.

Satanás lanzó tres de sus mejores golpes contra Jesucristo, y si hubiera asestado alguno de estos, no habría esperanza para ti ni para mí de pasar la eternidad con Dios. Si Satanás hubiera conseguido un nocaut, ninguno de nosotros tendría esperanza alguna de derrotar el pecado ni en esta vida ni en la venidera.

Es exactamente por eso que Mateo relata esta historia.

Sin ninguna duda, esto muestra que aunque la tentación nos llegará a todos, también podemos saber que no tiene que derrotarnos a ninguno de nosotros.

Que la tentación no te sorprenda, espérala

Mucha gente confunde tentación con pecado, pero no es pecado ser tentados. Cuando alguien está siendo tentado, no significa que esté llevando una vida cristiana deficiente. No significa que esté fuera de la voluntad de Dios. No significa que sea desobediente.

Por ejemplo, tenemos a Jesús. Él era el Hijo de Dios. Lo guiaba el Espíritu de Dios. Fue totalmente sumiso a la voluntad de Dios y se hallaba por completo bajo el poder de Dios. Nunca hubo una época en la vida de Jesucristo en que estuviera más cerca a su Padre que durante esos cuarenta días en el desierto.

Jesús no fue tentado solo como el Hijo de Dios, fue tentado como el Hijo del hombre. En su *humanidad*, Jesucristo tuvo que enfrentar a Satanás igual que tú y yo.

La Biblia dice que el diablo no quiere lo mejor para ti sino lo peor. Si puede, te tentará para destruir tu matrimonio. Te tentará con el fin de lanzar tu vida al alcohol y las drogas. Te tentará para que cedas, como pasó con David, a una aventura de una noche. Que no te sorprenda la tentación, espérala.

Que la tentación no te engañe, detéctala

Las tres formas específicas en que Satanás tentó a Jesús son las mismas en que también nos tienta a nosotros.

Para empezar, podemos esperar tentación que apele a lo *físico* (Mateo 4:2-3). Después de cuarenta días de ayuno, Jesús estaba listo para una hamburguesa doble con queso y una leche malteada. Esta tentación se remonta a la época del huerto del Edén cuando Satanás le ofreció a Eva el fruto prohibido. El gran engañador estaba pidiéndole a Jesús, igual que a Eva, que sustituyera lo espiritual con lo físico.

En segundo lugar, podemos esperar tentación que apele a lo *emocional* (Mateo 4:5-6). El diablo lleva a Jesús a la parte más alta de la ciudad, a la esquina sureste del templo, con vista al valle de Cedrón. Satanás le susurra a Jesús: «¿Por qué no haces una voltereta doble hacia atrás y desciendes dando un espectacular salto de ángel? Estarás en boca de todos». Tal cosa nos haría sentir bien, ¿verdad que sí? Cada uno de nosotros, en algún momento, nos hemos metido en problemas porque en lugar de permitir que la Palabra de Dios nos dirija, dejamos que nuestros sentimientos lo hagan.

En tercer lugar, podemos esperar tentación que apele a lo *espiritual* (Mateo 4:8-9). Satanás le ofreció al Señor Jesús exactamente los mismos reinos que su Padre celestial iba a ofrecerle, con tal que hiciera de lado la cruz. Satanás quería que Jesús fuera el Salvador del atajo porque el diablo es el amo de los atajos.

Podemos detectar las tentaciones del enemigo, ya que apelan a lo físico, lo emocional y lo espiritual.

Que la tentación no te derrote, recházala

Jesús tenía dos armas secretas para combatir la tentación. Y son las mismas que nosotros tenemos. Jesús estaba lleno con el Espíritu y estaba armado con las Escrituras.

Jesús estaba guiado por el Espíritu Santo de Dios. Él fue *guiado*, y nosotros también somos guiados cuando *seguimos*. Seguimos a alguien solo si estamos totalmente rendidos y sometidos a su autoridad. Rendimos nuestras vidas al Espíritu Santo porque Él es el arma nuclear de Dios que nos permitirá derrotar la tentación.

Jesucristo también estaba armado con las Escrituras. Él no trató de discutir con el diablo, no trató de negociar con el diablo, ni trató de debatir con el diablo. Jesús no utilizó fórmulas mágicas ni palabras mágicas. No utilizó agua bendita ni pañuelos ungidos. Él usó la Palabra de Dios.

Hace muchos años, las Páginas Amarillas usaban el lema: «Deja que tus dedos sean los que caminen». Cuando se trata de tentación, debes seguir un consejo: deja que sea la Palabra de Dios la que hable. Cuando haces eso, Santiago 4:7 se hará realidad en tu vida: «Someteos, pues, a Dios; resistid al diablo, y huirá de vosotros».

Oración de esta semana: *Señor, confío en que me has preparado para pelear la buena batalla. Lléname con tu Espíritu y cíñeme con tu Palabra para resistir las tentaciones del enemigo.*

Pregunta de esta semana: Al pensar en las tentaciones que se repiten en tu vida, ¿están dirigidas a lo físico, a lo emocional o a lo espiritual?

48

El jefe supremo

Pasajes bíblicos de esta semana:

- Lucas 9:23-27
- Efesios 5:1-2
- 2 Corintios 5:11-15

- Romanos 14:5-9
- 1 Pedro 2:19-23

¿Lo apuestas todo?

Nunca he jugado al póker, pero este juego siempre me ha fascinado. ¿Has notado alguna vez que en los juegos de póker en las películas, y en especial en las de vaqueros, las escenas más dramáticas son cuando alguien pone todas sus fichas sobre la mesa? Cuando un jugador hace eso, está diciéndoles a los demás jugadores: «Estoy apostando todo lo que tengo. Estoy comprometiendo todas mis posesiones».

El término «apuesto el rancho» viene del salvaje oeste. Si un jugador creía tener la oportunidad de ganarlo todo, ponía las escrituras del rancho sobre la mesa y lo apostaba a que era él quien ganaría. O tomaba una hoja de papel, firmaba su propio pagaré hecho a mano y apostaba todo lo que tenía. Los jugadores de póker llaman a esto «apostarlo todo».

Aunque no era un jugador, a Jesús le gustaba apostarlo todo.

Vida incondicional

Lo más nervioso que alguna vez he estado, más que hablar ante veinticinco mil personas, más que estar en el Despacho Oval con el presidente de los Estados Unidos, fueron los cinco minutos antes de casarme. Mientras esperaba para entrar a la iglesia con el pastor, me di cuenta de que estaba a punto de comprometer mi vida con una mujer que había conocido solo durante seis meses. Me paseaba de un lado al otro, sudando la gota gorda y respirando aceleradamente.

Este no era un contrato que se pudiera declarar nulo y sin efecto con treinta días de aviso; estábamos haciendo un pacto delante de Dios que habría de durar hasta que la muerte nos separara. Cuando el pastor pregunta: «¿Tomas por esposa a esta mujer en las buenas y en las malas, en riqueza o en pobreza, en enfermedad o en salud?», ¡no se trata de una opción múltiple! El matrimonio es un compromiso cuando las cosas resulten bien o cuando todo vaya mal, cuando estás feliz o cuando te sientes enfadado. El matrimonio es hasta que la muerte te separe de tu cónyuge.

Eso es *apostarlo todo*.

Cuando Dios envió a Jesucristo a este mundo, lo apostó todo. Cuando fue a la cruz para morir por nuestros pecados, lo apostó todo. El Señor incondicional no está interesado en seguidores a medias. Está buscando personas que lo apuesten todo.

Niégate

Muchos decidieron no seguir a Jesús debido al requisito que Él demanda de negarnos a nosotros mismos (Lucas 9:23). Jesús es sincero cuando explica: «Hay un costo para seguirme. Tienes que negarte a lo más difícil de negar, que es a ti mismo».

Un domingo sorprendí a mi congregación anunciando en público que había un miembro de la iglesia que me estaba causando los mayores problemas. En serio, este tipo era mi mayor dolor de cabeza. No estaba seguro si debía pronunciar su nombre en voz alta, porque hasta cierto punto me cae bien el individuo. Me gusta estar cerca de él, ya que es una de las mejores personas que conozco. Con un poco de temor y agitación declaré en voz alta que el miembro de la iglesia que estaba causándome más problemas era… ¡yo mismo! Tengo que decirme constantemente que debo salirme del camino para que Jesús pueda seguir su camino.

Jesús dijo: «Si vas a seguirme, el primer paso que tienes que dar es negarte a ti mismo». Esto significa que debes poner a Jesús antes que ti mismo, por sobre ti mismo, delante de ti y en lugar de ti. Tienes que conseguir que la composición de tu vida sea toda de Jesús y nada de ti.

Muere a ti mismo

En una escena de la película *Acto de valor*, un infante de marina está a punto de dejar a su esposa y su bebé recién nacido para ir a la guerra.

El comandante le pregunta a este soldado si está listo para hacer este sacrificio. El soldado contesta: «Si no hubiera renunciado a todo, ya estaría perdido».

De igual manera, Jesús manifiesta claramente: «Si alguno quiere venir en pos de mí, niéguese a sí mismo, tome su cruz cada día, y sígame. Porque todo el que quiera salvar su vida, la perderá; y todo el que pierda su vida por causa de mí, éste la salvará» (Lucas 9:23-24).

Hace unos años, un médico se acercó a los padres de unos gemelos que nacieron unidos.

—Si no realizo rápidamente una operación para separar a estos gemelos, los dos van a morir —declaró.

—Obviamente tiene nuestro permiso —respondieron los padres—. Comience de inmediato.

—Ustedes no entienden —añadió el médico—. No es tan sencillo. Solo puedo salvar a uno, pero no puedo salvar al otro. Puedo salvar a cualquiera de ellos, pero no puedo salvarlos a ambos. Lo que estoy diciéndoles es que tienen que tomar una decisión sobre cuál va a vivir y cuál va a morir.

Jesús te pide que tomes una decisión similar. Si Él va a vivir en ti, tienes que morir a ti. Jesús dijo que es solo cuando has renunciado a todo por Él que estás listo para ganar todo de Él, pues estás listo para «seguirlo».

Dedícate tú mismo

¿Lo has apostado todo? ¿Has apostado la hacienda a Jesucristo?

Si estás soltero, ¿has apostado todo cuanto de tu pureza sexual y de tu santidad se trata? ¿Has apostado todo con relación a lo que ves y a lo que oyes?

¿Qué tal respecto a tu matrimonio? ¿Has apostado el rancho? ¿Tienes que decir a tu cónyuge una y otra vez: «He *apostado todo* en esta relación y pase lo que pase, va a ser "hasta que la muerte nos separe"»?

¿Has apostado todo con relación a tu dinero? ¿Están todas tus fichas sobre la mesa cuando de hacer la obra de Cristo se trata? Esto es lo que significa seguir a Jesús.

El llamado de Jesús, primero a sus discípulos y hoy día a nosotros, es a que *apostemos todo*.

Tal vez recuerdes haber estudiado en el colegio al explorador Hernán Cortés. Él era de España, y en 1519 llegó a México y desembarcó en Veracruz. Había recibido órdenes de conquistar la tierra y levantar una colonia. Cuando todos sus hombres estuvieron fuera de los barcos, hizo algo por lo que se le ha recordado durante casi quinientos años. Quemó todos sus barcos. Cortés miró a sus hombres y advirtió: «Vamos a ganar esta victoria o a morir, pero no podemos volver atrás».

¿Sabes lo que en realidad hizo Cortés? Apostó el rancho. Lo apostó todo. Solo hay una manera de seguir a Jesucristo: quemar los barcos, apostar el rancho, apostarlo todo.

Oración de esta semana: *Señor, a causa de la obra y el testimonio de Jesucristo estoy convencido de que eres digno de apostar el rancho. Dame el valor esta semana para apostarlo todo.*

Pregunta de esta semana: ¿Hay alguna área en tu vida que has retenido para ti? ¿Qué fichas están en tu poder que deben estar sobre la mesa?

Jesús, el vencedor

Lo que separa a Jesús de todos los demás personajes humanos y religiosos en la historia no fue lo que hizo *durante* su vida, sino lo que logró en sus últimas horas. Más que sus milagros o parábolas, enseñanzas o máximas, Jesús se define por la forma en que derrotó a la muerte para bien de la humanidad. En sus últimos días venció los tres mayores problemas de la vida (el pecado, la tristeza y la muerte) y mediante esto nos ofrece esperanza de que nosotros también podemos salir victoriosos cuando se haya escrito el capítulo final de nuestras vidas.

La pasión de Cristo: el resto de la historia

Pasajes bíblicos de esta semana:

- Mateo 27:1-10, 27-31
- Isaías 53:1-6
- Salmos 22
- Romanos 5:6-11
- 1 Pedro 3:13-18

Causa de la pasión

En 2004, una pregunta frecuente en los Estados Unidos era: «¿Has visto *La pasión de Cristo*?». Si la respuesta era no, la próxima pregunta era: «¿Vas a verla?». Si la respuesta a la primera pregunta era positiva, la próxima pregunta era: «¿Qué te pareció?».

La película de Mel Gibson, producida totalmente en arameo y latín, y usando subtítulos, fue un gran éxito de taquilla de Hollywood que recaudó más de seiscientos millones de dólares durante su estreno, convirtiéndose en la más importante película de todos los tiempos en idioma distinto al inglés.

La pasión es la historia de doce horas de la vida de un hombre. ¿Por qué entonces este día es diferente de todos los demás? ¿Por qué millones de personas tienen tal pasión acerca de *La pasión*?

La respuesta de un soldado romano nos da una pista.

Un centurión y algunos de sus hombres, que con frialdad habían presenciado y ejecutado miles de crucifixiones sin inmutarse, hicieron una sorprendente confesión: «Verdaderamente éste era Hijo de Dios» (Mateo 27:54).

Esta película fue impactante porque narró doce horas de la vida de *Cristo*. Si Jesús hubiera sido tan solo un hombre más, entonces esta simplemente habría sido una muerte más. Pero si Jesús fue más que un hombre, si Él *fue* el Hijo de Dios, entonces nunca ha habido otra muerte como la suya.

¿Quién era el Cristo?

La premisa detrás de la evidencia forense de la huella digital es que cada individuo tiene surcos únicos en los dedos. Cuando sobre un objeto se encuentra una huella que corresponde al patrón de surcos del dedo de una persona, se puede concluir con seguridad científica que el individuo ha tocado ese objeto.

Un conjunto de huellas proféticas en el Antiguo Testamento establece con un increíble grado de certeza que Jesús fue el Hijo de Dios y el Mesías.

Isaías anuncia: «He aquí que la virgen concebirá, y dará a luz un hijo, y llamará su nombre Emanuel» (Isaías 7:14). Y Mateo 1:18-25 confirma que Jesús realmente nació de la virgen María.

Miqueas 5:2 afirma que el Mesías saldría de Belén y Lucas 2:1-7 nos cuenta que Jesús realmente nació en Belén.

Zacarías 11:12-13 predijo que el precio de la traición sería de treinta monedas de plata. Mateo 26:15 y 27:3-10 corroboran que Jesús fue traicionado por treinta monedas de plata.

Salmos 22:16 predijo que las manos y los pies del Mesías serían perforados, y así sucedió en su crucifixión. ¡Esta profecía fue dada setecientos años antes de que alguna vez se hubiera empleado la crucifixión!

Estas son solo algunas de más de trescientas profecías que Jesús cumplió. La abrumadora evidencia es que Jesús era el Mesías, el Hijo de Dios.

¿Cómo murió Él?

No puedes comprender *por qué* murió Jesús a menos que entiendas *cómo* murió.

Antes de toda ejecución romana, desnudaban, ataban a un poste y flagelaban a la víctima. El instrumento era un azote corto llamado *flagrum*, fabricado de dos o tres correas de cuero. Estas correas estaban trenzadas con trozos de huesos de oveja, hierro y otros metales sujetados en varios intervalos. La espalda, las nalgas y las piernas eran flageladas, y cada golpe arrancaba pedazos de carne que dejaba expuestos los músculos, hasta que toda la parte trasera de la víctima no era más que franjas palpitantes de carne sangrante. En otras palabras, Jesús ya estaba en condición crítica incluso antes que fuera clavado a la cruz.

Para la crucifixión en sí colocaban a la víctima sobre una viga, y luego le clavaban las muñecas de ambos brazos con clavos de doce centímetros de largo con una punta cónica afilada. Después fijaban los pies a la cruz y se los clavaban ambos con clavos de dieciocho centímetros de largo. Una vez que la cruz estaba en posición vertical, la víctima padecía una muerte lenta por asfixia.

¿Qué ocasionó finalmente la muerte de Jesucristo? Los médicos nos darían a elegir: choque hipovolémico, agotamiento, asfixia, deshidratación, arritmia o insuficiencia cardíaca congestiva.[16] La palabra *insoportable* viene de la expresión latina que significa «de la cruz».

¿Por qué murió?

¿Por qué el Mesías, el Hijo de Dios, habría de padecer una muerte tan violenta, terrible y atroz? La Biblia es clara. En primer lugar, Él murió por el pecado. Isaías declara:

> Todos nosotros nos descarriamos como ovejas, cada cual se apartó por su camino; mas Jehová cargó en él el pecado de todos nosotros (Isaías 53:6).

Pedro también confirma:

> Cristo mismo llevó nuestros pecados en su cuerpo sobre la cruz, para que nosotros muramos al pecado y vivamos una vida de rectitud. Cristo fue herido para que ustedes fueran sanados (1 Pedro 2:24, DHH).

Sin embargo, más terrible que el dolor del sufrimiento físico que Jesús soportó fue el dolor espiritual de cargar con la culpa de nuestros pecados. Él murió no solo por el pecado; murió *en lugar de* los pecadores.

Romanos 5:6 anuncia: «Cristo, cuando aún éramos débiles, a su tiempo murió por los impíos». Y 1 Pedro 3:18 coincide: «Cristo padeció

---

16. *CJAMA*, 21 marzo 1986, vol. 255, p. 11.

una sola vez por los pecados, el justo por los injustos, para llevarnos a Dios».

Jesús cargó en la cruz lo que tendrás que cargar por toda la eternidad *si* no aceptas a Jesús. Él sufrió una muerte sumamente violenta para ilustrar lo horrible que es el pecado, lo santo que es Dios y cuánto necesitamos que Él muriera en nuestro lugar por nuestros pecados.

¿Qué debo hacer?

Ningún historiador serio duda que un hombre llamado Jesucristo viviera, que su vida influyera en la historia y que fuera crucificado en una cruz romana en las afueras de Jerusalén más o menos en el año 30 d.C. Pero el cristianismo afirma que Jesús no solo murió sino que resucitó de los muertos, que es como termina la película.

Durante dos mil años nadie ha tratado de refutar que la tumba estaba vacía, a pesar de que esto causó gran alboroto en Palestina. Un antiguo decreto de Claudio César, quien reinó entre los años 41-54 d.C., se descubrió en Nazaret y dice así: «Es mi deseo que los sepulcros y las tumbas permanezcan perpetuamente intactos… en caso de violación deseo que los delincuentes sean sentenciados a pena de muerte por el delito de violación de sepulcros».[17] Los historiadores creen que la rara medida de decretar pena de muerte por robar una tumba fue una reacción al alboroto causado por la tumba vacía de Jesucristo.

Esa tumba ha estado vacía durante dos mil años, por lo que el historiador británico Arnold Toynbee declaró: «Si pudiera mostrarse el cuerpo de un judío, Jesús de Nazaret, entonces el cristianismo se convertiría en una religión muerta». Él tenía razón. Pero no encontraron el cuerpo, porque Jesús resucitó de los muertos.

Sin los dos últimos minutos de *La pasión*, esta es solo otra película acerca de otro hombre que vivió y murió exactamente como miles de millones de otras personas en la historia. Pero el Cristo crucificado de las primeras dos horas y cinco minutos de esa película es el resucitado Señor de los dos últimos minutos de esa película. Solo Dios pudo haber regresado de la tumba. Que lo recibas depende de ti: tú determinas el resto de la historia.

---

17. Citado en John Stott, *La cruz de Cristo* (Buenos Aires: Certeza Unida, 2008).

Oración de esta semana: *Señor, perfora mi corazón con la realidad del sufrimiento que perforó tu cuerpo. Y enséñame a vivir fielmente en respuesta a tu asombroso amor.*

Pregunta de esta semana: ¿Cómo el sufrimiento de Jesús afecta la relación que tienes con Él?

50

Su gracia, mi lugar

Pasajes bíblicos de esta semana:

- Mateo 27:11-26
- Hebreos 10:1-10
- Gálatas 3:10-14
- 1 Juan 4:7-12
- Tito 3:3-7

Una pregunta convincente

En los Estados Unidos estamos familiarizados con la pena de muerte. En el pasado hemos utilizado todo, desde el pelotón de fusilamiento y la horca hasta la silla eléctrica y la cámara de gas. Hoy día, en esos casos raros en que se ejecuta pena de muerte, la inyección letal se ha convertido en el método de elección. Sin embargo, la crucifixión es sin duda alguna la muerte más dolorosa y tortuosa jamás imaginada.

Hoy día, las ejecuciones estadounidenses son privadas. No se permiten cámaras que capten ninguna ejecución y, por lo general, solo amigos y familiares tienen permiso de presenciar el acontecimiento. En contraste, la crucifixión en el Imperio romano no solo era un hecho público, sino que, en realidad, el gobierno buscaba que los habitantes presenciaran una crucifixión para convencerlos de las consecuencias de traspasar los límites de la autoridad del gobierno.

Además, las ejecuciones modernas son rápidas y, en lo posible, más humanas. En general, la muerte se provoca de la manera más rápida y silenciosa que se pueda. Por otra parte, la crucifixión estaba diseñada para ser dolorosa, humillante y prolongada, durando a veces hasta nueve días.

¿Pero por qué?

El énfasis del Nuevo Testamento con relación a Jesucristo no está en su nacimiento, ni en su vida, sino en su muerte.

El apóstol Pablo escribió la mitad del Nuevo Testamento y, sin embargo, si lees cualquiera de los libros que escribió, prácticamente se hace caso omiso a toda la vida y el ministerio de Jesucristo. Pablo nunca menciona las enseñanzas de Jesús. Nunca menciona los milagros. Nunca menciona las parábolas que Jesús contó. El énfasis se centra casi de forma única y singular en el sufrimiento, la muerte y la resurrección de Cristo.

La muerte de Jesucristo se destaca porque, junto con su resurrección, fue el acto singular y el acontecimiento de toda su vida. Todas las demás personas han nacido con el propósito específico de vivir. Jesús nació con el propósito específico de morir.

Me sorprende que muchas personas, incluso seguidores comprometidos de Cristo, nunca hayan considerado *por qué* murió Jesús. Sabemos dónde, cuándo y cómo murió, pero casi nunca preguntamos *por qué.*

Ver a Jesús en la cruz nos recuerda que Él ha venido de un largo viaje desde Belén hasta Jerusalén. Un largo camino del pesebre a la cruz. Un largo camino de los pañales a la muerte. Un largo camino de ser un hermoso bebé a ser un criminal condenado. Y en lo más recóndito de nuestras mentes nos preguntamos *¿por qué?*

Jesús sacrificó su vida por mí

La noche antes de su crucifixión, los discípulos de Jesús habían celebrado la Pascua con Él, recordando el cautiverio de Israel en la nación de Egipto. Dios iba a liberar al pueblo de cuatrocientos años de esclavitud para que comenzara su viaje hacia la tierra prometida.

La noche en que Dios iba a liberarlos envió un ángel sobre todo Egipto con el encargo de ir a cada casa y matar a cada hijo primogénito, lo cual obligaría a que Faraón dejara ir a Israel. La única manera de escapar era matar un cordero y untar la sangre en los postes de la puerta. Cuando el ángel viera la sangre, «pasaría sobre» la casa y todos en ella estarían a salvo. Desde ese tiempo hasta hoy, los judíos aún celebran la Pascua.

Más tarde, Dios instituyó un sistema formal de sacrificios de animales para que ese sacrificio y esa sangre pudieran cubrir el pecado. Una persona podía llevar un cordero a un sacerdote para que este lo sacrificara y tomara la sangre de ese animal como una cubierta simbólica por los pecados de dicha persona. Sin embargo, no se suponía que esto fuera un remedio definitivo para el pecado sino un arreglo temporal, «porque la sangre de los toros y de los machos cabríos no puede quitar los pecados» (Hebreos 10:4).

Hubo solo *Uno* que pudo quitar el pecado del mundo de una vez por todas. Juan el Bautista llamó a Jesús: «El cordero de Dios que quita los pecados del mundo». Jesús es nuestro cordero pascual.

Jesús murió una muerte sustituta por mí

Cuando a los miembros de la turba en la crucifixión de Jesús se les dio la opción de liberar a un prisionero, como era la costumbre local, escogieron a un notorio prisionero llamado Barrabás en lugar de a Jesús (Mateo 27:15-26).

Barrabás era Osama bin Laden y Saddam Hussein convertidos en uno. Era un asesino, rebelde y ladrón que había sido condenado más de una vez, y esperaba que este fuera el día en que iría a morir. Imagino que cuando fue liberado de esa prisión, anduvo por ese lugar donde se suponía que lo colgarían. Quizá hasta se paró al pie de esa cruz y reflexionó: «No sé quién eres, pero una cosa sí sé: estás muriendo en mi lugar».

Todos somos Barrabás.

Jesús no fue solo un sustituto de Barrabás, fue *nuestro* sustituto. No solo murió en lugar de ese criminal, murió en lugar de *nosotros*. Pablo explica más adelante a las iglesias de Galacia: «Cristo pagó para librarnos de la maldición de la ley y aceptó estar bajo maldición en lugar de nosotros» (Gálatas 3:13, PDT).

En *La pasión de Cristo*, la mano que sostiene el clavo que atravesará la mano de Jesús es la de Mel Gibson. Este es el único papel que Gibson representó en su propia película.

«Estoy de primero en la fila para crucificar a Jesús —explicó Gibson—. Yo lo hice».

Mel Gibson, a pesar de sus defectos públicos y privados, pareció entender que Jesús murió una muerte sustituta por toda la humanidad.

Jesús satisfizo la justicia de Dios para mí

Cuando algo es «expiado», está pagado. Alguien satisface o se encarga de una deuda. Y lo que se ha satisfecho en la expiación de Jesús por nuestros pecados es la justicia de Dios.

Esto podría parecer sorprendente, pero la cruz no fue en primer lugar para *nosotros*. La cruz fue principalmente para Dios el Padre. Ya que la sangre de animales era tan solo un abono al crédito, era solo simbólica, Cristo murió con el fin de hacer ese pago definitivo y total para satisfacer la justicia de Dios. Él hizo por nosotros exactamente lo que hizo por Barrabás.

Antes que tú y yo naciéramos, incluso antes que este mundo fuera creado, Dios el Padre, Dios el Hijo y Dios el Espíritu Santo acordaron que Jesús llevaría nuestro castigo para que Dios pudiera absolvernos y para que nos justificara.

Cuando el mundo derramó su ira sobre Jesucristo en su juicio y en su muerte, la ira de Dios contra nuestro pecado fue completamente liberada sobre Cristo en la cruz. La cruz tuvo que ver con tres palabras: misericordia, justicia y gracia. La misericordia de Dios retrasó el pago por el pecado. La justicia de Dios exigía pago por el pecado. La gracia de Dios liberó el pago por el pecado.

Oración de esta semana: *Señor, hazme un recipiente de tu misericordia, de tu justicia y de tu gracia, invitando a otros a encontrarse contigo en la cruz de Cristo.*

Pregunta de esta semana: ¿Qué significado tiene el gran sacrificio de Cristo para tu vida diaria? ¿Influye esto de alguna manera?

51

El guerrero resucita

Pasajes bíblicos de esta semana:

- Mateo 27:32-54
- Génesis 3:14-15
- Romanos 3:21-26

- Lucas 24:13-27
- Juan 20:1-10

En espera del heridor

Cuando yo era niño, veía religiosamente por televisión los combates de lucha libre todos los sábados por la tarde. El primer luchador que recuerdo haber visto fue Dick «el heridor». Recuerdo haber pensado de niño que este era el hombre más feo y aterrador que había visto en mi vida. Era el luchador más sucio en televisión y pasaron diez años sin que alguien le hiciera besar la lona. Lo llamaban «el heridor» porque se aseguraba que todos los adversarios que enfrentaba resultaran tanto ensangrentados como heridos.

Durante miles de años, los israelitas habían estado buscando otro heridor. Buscaban un luchador, buscaban un guerrero. Esperaban que fuera un heridor porque se había profetizado que lo fuera. Cuando Satanás ocasionó la mayor tragedia al tentar con éxito a Adán y Eva para que pecaran, estalló la guerra entre el bien y el mal, y entre Dios y Satanás. La única esperanza para este mundo era un guerrero que pudiera llegar y pelear esta guerra y derrotar a este enemigo. Lo haría siendo un heridor, según leemos en Génesis:

> Pondré enemistad entre ti y la mujer, y entre tu simiente y la simiente suya; ésta te herirá en la cabeza, y tú le herirás en el calcañar (Génesis 3:15).

A partir de esta profecía solitaria, la imagen de un guerrero comenzó a formarse en las mentes y los corazones de rabinos y eruditos en Israel.

Un héroe inesperado

Esperaban que este guerrero conquistara el mundo y marcara el comienzo de un reino donde Israel sería restaurado a su lugar legítimo como la nación dominante en el planeta. Nadie podría tocarlo. Nadie le haría besar la lona. Nadie podría herirlo, porque se trataba del guerrero, el heridor.

Dios envió a su guerrero, su Hijo, a terminar una guerra que no empezó. Sin embargo, este guerrero no concluiría la guerra matando sino más bien muriendo. Cuando entiendes por qué Jesús murió en la cruz y qué sucedió después de su muerte en esa cruz, entonces comprendes por qué solo Él pudo ser el guerrero que podía dar a cada uno de nosotros la capacidad para ganar nuestra propia guerra sobre los dos mayores problemas que este mundo enfrenta: el pecado y la muerte. Jesús es el único guerrero que podía derrotar y que derrotó al pecado y la muerte.

Nos resulta difícil imaginar la conmoción, el desconcierto y la consternación en los corazones de todos los que habían creído que por fin el guerrero había llegado, cuando Jesús es entregado para ser crucificado.

¿Cómo podía ser esto? Seguramente este guerrero no había venido a morir sin disparar un solo tiro, sin arrojar una lanza, sin disparar una flecha o sin empuñar una espada. ¿Entrega su vida y muere? De pronto muchos que habían creído estaban preguntándose: «¿Pudo Jesús haber sido realmente el guerrero de Dios?».

Jesús sacrificó su vida por mí

Gran parte de los habitantes de este mundo no toman en serio a Jesucristo debido a que no entienden *por qué* murió. La mayoría de nosotros sabe *dónde* murió: fuera de la ciudad de Jerusalén. La mayoría sabe *cuándo* murió: alrededor del año 30 d.C. La mayoría sabe *cómo* murió: por crucifixión. Pero haz una pausa para considerar *por qué* murió.

Según analizamos la semana pasada, la Pascua constituyó la primera vez en que la sangre de animales untada sobre los postes de las casas hebreas se utilizó para proteger las vidas de los integrantes del pueblo de Dios. Cuando el ángel de la muerte que Dios envió viera la sangre, «pasaría sobre» la casa y todos en su interior estarían a salvo. Dios instituiría más tarde un sistema formal de sacrificios de animales para cubrir el pecado.

El pecado era un enemigo demasiado grande para que alguien lo combatiera. Era una guerra demasiado grande para que alguien la ganara… hasta que llegó el guerrero. Él utilizó la única arma que podía derrotar el pecado y la muerte y herir al diablo, quien ocasionó todo. Aunque la gente aún no lo comprendía, tal arma no era una espada, una lanza o una flecha. Era una cruz. Este guerrero realizó el acto definitivo que cualquier soldado puede realizar: entregó su vida por la libertad de otros.

Jesús tomó mi lugar

Que Dios permitiera que su propio Hijo fuera ese guerrero y que entregara su vida por la humanidad significa que estamos en una guerra que no podemos ganar. A causa del pecado estamos en una batalla y enfrentamos un enemigo llamado «muerte» que te matará para toda la eternidad si no pones tu fe y tu confianza en el guerrero.

El apóstol Pablo explica: «A quien Dios puso como propiciación por medio de la fe en su sangre, para manifestar su justicia, a causa de haber pasado por alto, en su paciencia, los pecados pasados» (Romanos 3:25).

Pablo está refiriéndose al tiempo antes de Cristo cuando se sacrificaban animales como cobros crediticios por nuestros pecados. No se trataba de un pago sino más bien una forma simbólica de hacer saber a todos que el pago habría de venir.

En lo que respecta al pecado, la justicia de Dios exige que alguien pague el precio. Dios no puede desentenderse del pasado. Antes que tú y yo naciéramos, Dios el Hijo estuvo de acuerdo en convertirse en el guerrero que tomaría sobre sí el pecado de la especie humana. Llevaría nuestro castigo. Pagaría la cuenta. Pelearía la batalla. Ganaría la guerra, para que Dios pudiera perdonarnos.

Jesús satisfizo la justicia de Dios por mí

Toda la ira, el castigo y el juicio que tu pecado y mi pecado merecen, los puso Dios sobre este guerrero que no vino a matar sino a morir. Quien no vino con una espada en la mano y una lanza en la otra, sino que vino con amor en una mano y gracia en la otra.

¿Cómo sé que Él era el guerrero que fue prometido en el libro de Génesis? Ya que todo el mundo muere, ¿cómo sé que este guerrero salió victorioso únicamente por su muerte? Muchos guerreros han venido, muchos guerreros han peleado, muchos guerreros han sangrado y muchos guerreros han muerto. ¡Pero la única prueba segura de que Él es ese guerrero es que resucitó!

No puedes ir al cielo por ser una buena persona; nunca serás suficientemente bueno. No puedes ganar tu camino al cielo siendo religioso; nunca serás suficientemente religioso. No puedes pagar tu camino al cielo; no existe suficiente dinero. Dios no califica en promedio sino en la cruz. Y no solo en cualquier cruz, sino en la cruz del guerrero que resucitó.

Oración de esta semana: *Dios, gracias por enviar al guerrero que muere y resucita para liberar de las garras del pecado y la muerte a los que amas.*

Pregunta de esta semana: ¿Estás realmente convencido de que tu bondad no puede ganar tu entrada al cielo? ¿Confías por completo en la cruz de Jesús?

52

El cadáver que camina

Pasajes bíblicos de esta semana:

- Mateo 27:57—28:10
- Juan 11:1-44
- Eclesiastés 8:8
- Salmos 89:46-48
- Apocalipsis 20:4-6

Esperanza de los desesperanzados

En 1927, cerca de Cape Cod, un submarino S-4 de la marina fue embestido accidentalmente por un guardacostas, enviándolo de inmediato al fondo de la bahía. Toda la tripulación estaba atrapada. Se hicieron todos los esfuerzos para rescatar a los ocupantes, pero fallaron. Casi al final del cuarto intento por sacar a esos hombres a la superficie, un buzo puso su oído al costado de la nave y oyó a un hombre que tocaba en código Morse desde el interior. Esta fue la última pregunta que oyó: «¿Hay... alguna... esperanza?».[18]

Jesús es la única persona en la historia humana que contesta esta pregunta. Puesto que Cristo ha enfrentado y ha vencido la muerte, nos ofrece esperanza a todos nosotros. Y no solamente la esperanza de que hay vida después de la muerte, sino también que hay vida después de la vida; es decir, Jesús demostró que hay más en la vida que solo *esta* vida. ¡Mucho más!

Todo el mundo necesita esperanza.

Necesitamos esperanza de que nuestra vida importe hoy, pero también necesitamos esperanza de que exista más en la vida que esta vida futura. Todos queremos saber que importamos. Queremos saber que nuestra vida influye aquí en la tierra y que, de alguna manera, la vida continúa después que este viaje en la tierra haya concluido.

---

18. «Coast Guard Cutter Collides with Navy Submarine», http://massmoments.org; Ben Patterson, *The Grand Essentials* (Waco, TX: Word Books, 1987), p. 35.

Todo ser humano en este planeta anhela tener importancia y seguridad. Nadie sabe esto mejor que el Dios que nos creó, por eso envió a Jesús.

El secreto de la seguridad

Según vimos en la segunda sección de este libro, el Evangelio de Juan registra siete declaraciones «Yo soy» que Jesús utiliza para explicarnos quién es Él:

- «Yo soy la resurrección y la vida».
- «Yo soy el buen pastor».
- «Yo soy el pan de vida».
- «Yo soy la puerta».
- «Yo soy la vid».
- «Yo soy la luz del mundo».
- «Yo soy el camino, y la verdad, y la vida».

Aunque no lo creas, en estos dichos está el secreto para tener importancia y seguridad. Jesús está diciéndonos por medio de estas tremendas verdades que la real importancia y la seguridad duradera solo pueden encontrarse en Él. Todo lo que esperamos y todo lo que necesitamos puede encontrarse en Él.

Puesto que sabía cuánto anhelamos tener esperanza y cuánto tememos la muerte, Jesús ofreció a sus seguidores, y a nosotros, un destello de lo que yace más allá de esta vida para quienes confían en Él.

Obtenemos un vistazo de la victoria de Jesús cuando en Juan 11 se describe el funeral más famoso de la historia, que tuvo lugar en una pequeña aldea llamada Betania para un hombre llamado Lázaro. (Ya vimos este suceso en el capítulo 8, pero tenemos más para extraer de esta importante historia, así que permanece conmigo).

Lázaro no era un hombre importante en su comunidad y sin embargo, lo que Jesús dijo e hizo por él quita para siempre a la muerte del terror que conlleva y vacía de temor al futuro.

Debemos esperar la realidad de la muerte

Según indicamos antes, cuando iba a Jerusalén, Jesús se hospedaba a menudo en Betania con Lázaro y sus hermanas María y Marta.

Ellos eran los mejores amigos. Cuando Lázaro enfermó de gravedad, las hermanas enviaron a comunicarle a Jesús que el hermano estaba enfermo, confiando en que Él vendría de inmediato y rectificaría la situación. En lugar de eso, Jesús postergó a propósito la ida con el fin de asegurarse de que Lázaro muriera realmente. Así es, hasta los mejores amigos de Jesús mueren.

En la medida que podemos, la mayoría de nosotros hace todo lo posible por evitar la muerte. Abrochamos nuestros cinturones de seguridad, manejamos autos con bolsas de aire, dormimos más, corremos mayores distancias, comemos menos grasa, consumimos más proteína, bebemos menos cafeína, masticamos ruidosamente más verduras, tomamos nuestras vitaminas, vamos al gimnasio y mucho más.

Sin embargo, el poeta griego Eurípides observó: «La muerte es la deuda que todos debemos pagar». A pesar de que está más cerca para algunos que para otros, la muerte es inevitable. Podemos retardarla, pero no evitarla. Eclesiastés 8:8 (NVI) manifiesta:

> No hay quien tenga poder sobre el aliento de vida, como para retenerlo, ni hay quien tenga poder sobre el día de su muerte. No hay licencias durante la batalla, ni la maldad deja libre al malvado.

Y el salmista asiente:

> ¿Qué hombre vivirá y no verá muerte? ¿Librará su vida del poder del Seol? (Salmos 89:48)

Experimentaremos el poder de la muerte

Cuando Jesús finalmente se dirigió a Betania, Marta no se emocionó mucho al verlo. En forma cortante expresó: «Señor, si hubieses estado aquí, mi hermano no habría muerto» (Juan 11:21).

Palabras como esas se han repetido millones de veces a lo largo de la historia: «Si hubieras estado aquí, mi bebé no habría muerto», o: «Si hubieras estado aquí, mi matrimonio no se habría destruido».

Hace poco hablé en un almuerzo de hombres de negocios acerca de lo que la Biblia quiere decir cuando afirma que Dios obra todo para el bien de quienes lo aman. Una vez que me encontré totalmente solo se me acercó un joven que miraba alrededor para asegurarse de que nadie pudiera oírlo.

—Usted predicó ese mensaje para mí —comentó con lágrimas en los ojos.

—¿Qué quieres decir? —le pregunté.

Me contó cómo dos años atrás su hijo de dos años y medio se ahogó en una piscina. El joven había ido a una fiesta donde todos sus cuatro hijos mayores se dirigieron a la piscina junto con otras doce personas, pero nadie vio cuando el pequeño se hundió y murió.

Este padre afligido necesitaba oír que la presencia de la muerte no significa la ausencia de Dios.

Después de oír a Marta, Jesús se refirió tanto a la confusión de ella como a la nuestra:

> Yo soy la resurrección y la vida; el que cree en mí, aunque esté muerto, vivirá. Y todo aquel que vive y cree en mí, no morirá eternamente. ¿Crees esto? (Juan 11:25-26).

Podemos escapar del temor a la muerte

Entonces Jesús se dirige a la tumba, pide a Dios que conteste su oración y pronuncia a gritos tres palabras que produjeron escalofríos en todos los que estaban alrededor de ese sepulcro:

> ¡Lázaro, ven fuera! (Juan 11:43).

Pudo haberse oído la caída de un alfiler.

Todos miraban asombrados. Lázaro ya llevaba cuatro días de muerto. Cuando una persona moría, envolvían el cadáver en especias y luego lo ataban como una momia. Todos allí trataban de imaginarse qué estaba haciendo Jesús.

Entonces Lázaro salió.

Jesús no solo liberó a Lázaro de los lazos de la muerte sino que lo liberó del miedo a la muerte. Llegó gente de muy lejos para ver al hombre que había resucitado de los muertos, y este les contó lo que Jesús había hecho por él. Más tarde, los fariseos quisieron matar al recién resucitado. No obstante, ¿crees que Lázaro estaba preocupado por el plan que ellos tenían? ¿Crees que él tenía miedo a la muerte?

—Si no dejas de testificar de Cristo, vas a morir —lo amenazaron.

—Ya estuve ahí —contestó Lázaro—. Listo. No es gran cosa.

Aquel que realizó ese milagro inolvidable fue más tarde a la cruz, lo colgaron allí y murió, pagando la culpa completa por tu pecado y el mío. Él también estuvo envuelto en lienzos. Él también fue puesto en la tumba. Él también fue sellado con una piedra. Pero tres días después estaba vivo, para nunca volver a morir.

Debemos contestar la pregunta que Jesús le hizo a Marta: *¿Crees esto?*

Espero que lo hagas porque no hay nadie como Jesús. Nunca lo ha habido. Nunca lo habrá.

Oración de esta semana: *Señor, te agradezco que en tu muerte y resurrección te hayas convertido en la esperanza para los desesperanzados. ¡Te alabo por ser para el mundo y para mí la resurrección y la vida!*

Pregunta de esta semana: ¿Crees en lo más profundo de tu corazón que quienes confían en Jesús nunca morirán?

Reconocimientos

Planifico mi predicación con un año de anticipación; fue así como en el 2013 nuestra iglesia pasó un año con Jesús. Cada mensaje para las cincuenta y dos semanas vino solo de los cuatro Evangelios: Mateo, Marcos, Lucas y Juan. No por casualidad tuvimos el año más grandioso en la vida de nuestra joven iglesia en toda medida significativa que puedas imaginar. La iglesia creció espiritualmente a pasos agigantados delante de mis propios ojos.

Fue con similar esperanza y propósito que nació este libro. El objetivo fue disponer de un libro al alcance de la mano que pudiera remontarte instantáneamente dos milenios, con el fin de oír a este exclusivo Dios-hombre pronunciar en tu corazón la verdad que transforma vidas. Varias personas me ayudaron a lo largo del camino.

Margot Starbuck tomó un poco de arcilla dura y con sus manos mágicas la moldeó en material que es eminentemente fácil de leer y agradable al oído.

Mi hijo Jonathan, un escritor increíblemente dotado, fue un recurso invaluable de sugerencias, ediciones, revisiones y sobre todo de estímulo para volver a participar en el juego de la publicación.

Rod Morris, mi editor en Harvest House, es incomparable revisando bordes ásperos que solamente sus ojos pueden ver.

Robert y Eric Wolgemuth son dos amigos e intercesores cuya orientación y representación han sido muy apreciadas.

Mi iglesia, Cross Pointe, simplemente es un gozo pastorearla y predicar allí. ¡Gracias por permitirme ser su pastor!

Mi querida esposa de casi cuatro décadas, Teresa, siempre está a mi lado como una esposa de Proverbios 31, liberándome para hacer cosas como escribir este libro. ¡Sencillamente es la mejor!

Siempre es una alegría trabajar con la gente maravillosa de Harvest

House tan hábilmente dirigida por mi querido amigo Bob Hawkins. Gracias por dejarme ser parte del equipo.

Por último, debo volver a expresarlo. No hay *nadie* como Jesús. Nunca lo ha habido y nunca lo habrá (Juan 14:6).

Acerca del autor

James Merritt es pastor principal de la Iglesia Cross Pointe en Duluth, Georgia, y presentador del programa de televisión *Touching Lives* que se transmite semanalmente en todos los cincuenta estados y ciento veintidós naciones. Anteriormente sirvió como presidente por dos períodos de la Convención Bautista del Sur, la denominación protestante más grande de Estados Unidos. Como una voz nacional de fe y liderazgo, James ha sido entrevistado por *Time, Fox News, ABC World News, MSNBC* y *60 Minutes*.

El doctor Merritt es autor de nueve libros, que incluyen *How to Impact and Influence Others: 9 Keys to Successful Leadership* [Cómo impactar e influir en otros: Nueve claves para el liderazgo de éxito]; *What God Wants Every Dad to Know* [Lo que Dios quiere que todo papá sepa]; y *Still Standing: 8 Winning Strategies for Facing Tough Times* [Aún de pie: Ocho estrategias ganadoras para enfrentar tiempos difíciles].

El doctor Merritt posee una licenciatura de la Universidad Stetson, una maestría y un doctorado en filosofía del Seminario Teológico Bautista del Sur. Él y su esposa Teresa residen fuera de Atlanta cerca de sus tres hijos y dos nietos.

Síguelo en Twitter en @DrJamesMerritt.